Christina Muelling
Paul Zahner

Escola Franciscana
de Oração

Tradução: Irmã Theresina Fehrenbacher
Irmã Eliane Cassetari

Informações bibliográficas da Biblioteca Alemã
A Biblioteca Alemã lista esta publicação na Bibliografia Nacional Alemã;
Informações bibliográficas detalhadas estão disponíveis na Internet em
http//dnb.ddb.de.

1ª edição

Produção e publicação: BoD – Books on Demand GmbH, In de Tarpen
42, 22848 Norderstedt.
Druck: Libri Plureos GmbH, Friedensallee 273, 22763 Hamburg
Design Gráfico Capa: Irmã Anna Barbara Regnat, Mosteiro de Sießen,
Alemanha

ISBN 978-3-7597-6148-4

Índice

Prefácio

Queridas irmãs e irmãos!
Queridos interessados na espiritualidade e vida franciscana!

Muitos anos se encontrou o grupo "Caminho Contemplativo", especialmente no mosteiro franciscano de Siessen, para poder investigar melhor sobre as profundezas da contemplação franciscana. Infelizmente no momento o grupo não se encontra mais, mesmo que alguns se interessam pessoalmente e querem também juntos se aprofundar nessa área. Do "Caminho Contemplativo" foi fundado a "Escola Franciscana de Oração", que durante muitos anos em Siessen tentava introduzir pessoas à contemplação franciscana.

A Escola de Oração quer mostrar um caminho, que conduz passo a passo para dentro da profundeza da oração e que quer transmitir numa forma atual, a profundeza e a tradição da contemplação franciscana. Os textos presentes podem ser usados como escola de oração pessoal respectivamente durante uma semana para a meditação pessoal (30 minutos), como foi pensado originalmente, ou podem também simplesmente ser meditados e aprofundados pessoalmente como elementos específicos. Alguns oferecem também informações curtas em relação à elementos fundamentais da espiritualidade franciscana e introduzem assim a temas concretas da espiritualidade. Originalmente nas Escolas de Oração já feitas, os textos começaram com a primeira semana do advento e depois demoravam durante a quaresma até perto de Pentecostes (cerca de dezembro até maio). Mas como já foi dito, eles podem ser usados livremente, isso significa não em adaptação à estação do ano. Em particular agradecemos as seguintes Franciscanas de Siessen na colaboração do desenvolvimento da Escola de Oração em Siessen e assim também nos textos presentes: Ir.M. Judith Jung OSF, Ir. M. Brigitte Wahl OSF e Ir. Claudia-Maria Muehlherr OSF e as irmãs Theresina Fehrenbacher e Eliane Cassetari pela tradução do alemão.

De coração desejamos-lhes meditação fecunda, entusiasmo sempre mais profundo sobre os mistérios de Deus e perseverança paciente na contemplação.

Com Francisco desejamos-lhes de coração: "O Senhor te dê a paz!" (Dominus det tibi pacem!)

Br. Paul Zahner OFM (Zurique)
Ir. M. Christina Muelling (Wuerzburg)

Introdução: Contemplação franciscana

O método, a ação ativa da contemplação franciscana está inserida na ação da graça de Deus. Deus se dá de presente e transforma o coração do homem. Somente na medida em que Deus se dá a mim, eu posso me entregar na oração a ELE.

I.   Deixa-se olhar por Deus

   ➢ Diante da Cruz de São Damião Francisco experimentou que o Senhor olha para ele e dirige-se a ele.

   ➢ Coloque-se exterior- e interiormente diante de Jesus Cristo *(a Cruz de São Damião ou outra imagem de Jesus pode ser uma ajuda nisso)* e se conscientize, que Jesus olha para você, se dirige a você, toca você. Deixe-se simplesmente olhar através dele, deixe que ele se dirija a você, que ele toque você. Deixe-se perceber através dele. Ele procura dentro de você uma morada e habitação.

   ➢ Olhe depois você mesma no espelho da realidade divina, no espelho de Jesus. Santa Clara descreve esse olhar na sua segunda carta a Inês de Praga (2ª Carta a Santa Inês de Praga 20) com três palavras:

II.   Olhe, considere, contemple

   1. Olhe (latim: intuere)
   Olhe agora aquele, que olha você. Olhe para aquele, que olha para você (veja Gn 16,13). Com cuidado,

primeiro piscando. Depois com olhos abertos. Olhe! Leia! Deixe-se atingir. Conscientize-se DELE.

2. *Considere (latim: considerare)*
Aproxime-se agora do mistério DELE. Tente entender, considerar, role de cá para lá, rumine, leia sempre de novo. Sempre de novo se aproxime DELE e do mistério DELE. Considere a plenitude da diversidade DELE. Perceba-O.

3. *Contemple (latim: contemplar)*
Agora deixe todas as suas considerações. Olhe para ELE. ELE olha para você. O olhar DELE repousa sobre você. Deixe o seu olhar repousar sobre ELE. Contemple-O. Entre no mistério do seu templo (Contemplação). Prepare para ELE uma morada e habitação.

III. Deixe-se comover e transformar

Largue a sua percepção, deixe-se perceber, deixe-se prender DELE.
Não tente mais olhar e compreender, mas deixe-se comover.
Solte tudo, porque ELE quer lhe transformar.

"Já não sou eu que vivo, pois é Cristo que vive em mim" (Gal 2,20). ELE transforma, O que ELE tomou como habitação e morada.

1. Desejo de Deus – Introdução na Contemplação Franciscana

Introdução

Repito meditativamente o poema de Hilde Domin:

"O desejo
deixa fluir a terra nos dedos
toda terra desta terra
procurando terra
para a planta "homem".

1. Busca de sentido e desejo como ponto de partida de todos os caminhos humanos

O motivo central de todas as pessoas que buscam e rezam é a saudade da alma para voltar a sua origem. (Segundo o poeta alemão Hermann Hesse a "Saudade da volta para casa"). Nós todos sentimos, lá no fundo do coração, a bússola interna que está orientada para um lugar onde eu vou ser inteiro, curado e estar unido comigo mesmo. Mas a bússola "desejo" não garante ainda uma chegada ao destino. O homem se experimenta com esse desejo, mas perambula e se sente dolorosamente incapaz de encontrar o caminho. Deus mesmo se revela nessa incapacidade, de muitas maneiras e sempre de novo: através da sua palavra e seu sacramento, nas decepções... A mística Mechthild von Magdeburg testemunha a partir da sua experiência de Deus: *"Deus tem tudo, somente tocar numa alma ele nunca se satisfaz."*

2. Francisco e Clara como pessoas que têm o desejo de Deus

Mais do que todos os outros Francisco e Clara eram pessoas de desejo. Realmente a palavra "desejo" é uma palavra-chave da espiritualidade fransciscana-clariana. Incansavelmente Francisco admoesta os seus irmãos de querer e desejar nada mais do que somente Deus, para assim poder dar o primeiro lugar na busca desejosa do Reino de Deus nas suas próprias vidas. Também Clara deixa em primeiro lugar em sua vida o desejo ardente para com o pobre Crucificado.

A partir desse desejo de Deus de Clara e Francisco o Franciscano Boaventura (1274) retrata mais tarde um caminho espiritual até o mistério de Deus, cujo início e força motriz permanente e total são o desejo de Deus: *"Além disso, de modo algum se toma apto para as contemplações divinas que conduzem aos arrebata-mentos do espírito aquele que, como o profeta Daniel, não for um "homem de desejo". Ora, duas coisas inflamam nossos desejos: a oração arranca gemidos do nosso coração e a contemplação – que faz voltar direta e intensamente a nossa alma para os raios da luz celeste."* *(Itinerário, Prólogo - 3)*

Para Boaventura o próprio desejo é o caminho para Deus. Mas na espiritualidade franciscana esse desejo de Deus do homem é somente uma reação ao desejo muito mais profundo de Deus do homem. Francisco admira o fato, que é o desejo de Deus de criar nos corações dos homens uma *"morada e habitação"* dele e em esposos de Jesus Cristo. Clara não consegue acreditar, que é o desejo de Deus, de encontrar na alma fiel uma morada. (3ª Carta à Santa Inês de Praga 21-22). O grande teólogo franciscano Duns Scotus (+ 1308) desenvolve verdadeira-mente uma teologia do desejo de Deus. Ele levanta a tese, que o Deus Trino criou desnecessar-iamente a criação, sendo ele próprio a realização de todo desejo, mas que mesmo assim o amor insensato de Deus insistiu em ir além dos próprios limites. Na criação do homem Deus quis gerar criaturas sendo seres que amam junto com ELE. Doando-se ao homem e morar neles é o desejo inconcebível de Deus. O desejo do homem de poder estar com Deus é assim a resposta do homem ao desejo de Deus de morar no homem. O início do caminho contemplativo dum homem é sempre a admiração sobre esse desejo de Deus.

3. Desejo de Deus – um processo de transformação vitalício

Nas escrituras de Francisco e Clara percebe-se, com que grande paixão eles lutaram para si mesmos, para os irmãos e irmãs de associar e subordinar ao desejo de Deus todas as outras múltiplas vontades, necessidades e desejos.

O amadurecimento do desejo de Deus eles entendem como um processo contemplativo vitalício na disponibilidade de se converter e sofrer "por amor ao Amor". Incansavelmente eles encorajam e admoestam para progredir no caminho da escolha sendo pobre e com humilde paciência e nas tentações e na fadiga (latim: acedia) revelar ao irmão / à irmã a aflição, para que possa ser encontrado "socorro".

Através das orações de São Francisco podemos pressentir a luta espiritual no seu desejo de Deus – por exemplo no "Louvor de Al Verne" ou na "Meditação do Pai-nosso"...

Na Regra não Bulada, Cap. 23, Francisco coloca diante dos olhos de seus irmãos o único Bem almejado e desenvolve para isso um caminho como esse desejo pode ganhar espaço na vida concretamente. Ele mostra que por fim nada, nem tribulações existenciais, nem coisas que separam e falsificam devem ser um obstáculo de segurar-se no coração ao supremo Bem.

Francisco faz fervorosamente propaganda:

"Amemos todos, de todo o coração, com toda a alma, com todo pensamento, com todo o vigor e fortaleza, com todo o entendimento, com todas as forças, com todo o empenho, com todo o afeto, com todas as entranhas, com todos os desejos e vontades ao Senhor Deus; a ele que nos deu e nos dá a todos nós todo o corpo, toda a alma e toda a vida; a ele que nos criou, nos remiu e somente por sua misericórdia nos salvará; a ele que a nós, miseráveis e míseros, pútridos e fétidos, ingratos e maus, fez e faz todos os bens.

Portanto, nada mais desejamos, nada mais queiramos, nada mais nos agrade ou deleite a não ser o nosso Criador, Redentor e Salvador, único Deus verdadeiro, que é o bem pleno, todo o bem, o bem total, verdadeiro e sumo bem, o unicamente bom...

Nada, portanto, nos impeça, nada nos separe, nada se interponha entre nós.

Em qualquer parte, em todo lugar, a toda hora, em todo tempo, diária e continuamente, creiamos todos nós de verdade e humildemente e tenhamos no coração e amemos, honremos, adoremos, sirvamos, louvemos e bendigamos, glorifiquemos e superexaltemos, magni-fiquemos e rendamos graças ao altíssimo e sumo Deus eterno, Trindade e Unidade, Pai e Filho e Espírito Santo, criador de todas as coisas e salvador de todos os que nele creem e esperam e o amam a ele que é sem início e sem fim, imutável, invisível, inenarrável, inefável, incompreensível, insondável, bendito, louvável, glorioso, superexaltado, sublime, excelso, suave, amável, deleitável e totalmente desejável acima de todas as coisas pelos séculos. Amém. (Regra não Bulada 23,8-11)

São Boaventura mostrou no "Caminho da peregrinação da alma para Deus" (Itinerário) como deve acontecer transformação. Não aquele que pensa e estuda muito vai encontrar Deus, mas aquele que o busca ardentemente. Quem, no entanto reflete por desejo, como Boaventura, o raciocínio vai ajudar muito no seu caminho até Deus.

No final da sua obra Boaventura resume a sua abordagem, como o mistério da transformação no encontro com Deus deve acontecer, mais uma vez com palavras concisas:

"Se você pergunta, como deve acontecer isso,
pergunta a graça, não a doutrina,
o desejo, não o entendimento,
o suspiro da oração, não a leitura diligente,
o noivo, não o professor,
Deus, não a pessoa humana,
a escuridão, não a clareza,
não a luz, mas o fogo, que incendia completamente,
e que através duma inefável unção
e desejo de coração ardente
leva até Deus.

Esse fogo é Deus,
'cuja fornalha está em Jerusalém' (Is 31,9),
e Cristo a inflamou
na brasa do seu sofrimento incandescente."
(Itinerário VII,6)

4. Exercício

Posso escolher o texto de Boaventura ou a oração de Francisco:

> Se recolher, se orientar, permanecer debaixo do olhar DELE, acolher o desejo DELE fielmente.

> Ler o texto de São Boaventura (ou de São Francisco) várias vezes e absorver como eles me movem para uma mudança de pensamento. Olhar para AQUELE, que olha desejoso para mim. Dar espaço ao movimento interior.

> Olhar novamente) para mim com o seu olhar desejoso, me entregar. Deixar surgir uma oração de coração e ficar nela.

> Durante essa semana escrevo minha própria oração de desejo, na qual expresso meu processo doloroso dos meus desejos, minhas necessidades e anseios e minha esperança.

2. Viver a partir da Palavra de Deus – Acolher o SEU olhar na palavra viva

Introdução

Recolho-me com o impulso:
Tua palavra é para mim ... força ... esperança ...
Como é meu acesso à Santa Escritura?
Que significado ela tem para minha vida?
O que eu desejo?

1. Francisco e a palavra viva

Francisco conheceu a força viva da palavra de Deus. Ele estava ciente da força unificadora da palavra de Deus com a vida mais íntima de Deus e da sua fertilidade imprescindível para o amor. Por isso ele confessa fielmente na Carta aos Clérigos: *"Pois nada temos e vemos corporalmente neste mundo do próprio Altíssimo, a não ser o corpo e o sangue, os nomes e palavras pelos quais fomos criados e remidos da morte para a vida."* *(1 CL 3)*

Essa combinação: Sacramento do altar e palavra de Deus parece arriscado a muitos, mesmo depois do II Concílio Vaticano. Nós acreditamos que Deus está presente no sacramento, mas isso não nos parece tão familiar da mesma forma com a palavra de Deus.

Para Francisco a eficácia salvadora da palavra e do sacramento de Deus é a mesma, porque justamente nos dois, Cristo a palavra do Pai, vem ao nosso encontro, para nos salvar (assim na Carta aos Fieis, 2 Fi 4-15). Aqui nós o encontramos

16

verdadeiramente, ou como Francisco fala, "na verdadeira carne", isto é, de uma maneira corporal.

Por isso as Santas Escrituras para ele não dão somente testemunho de Deus, e por isso era bom para o homem ler; mas, como Francisco confessa claramente, *"é bom buscar nelas o Senhor nosso Deus"* (2 Cel 105,3) e por isso pode ser também encontrado.

Francisco fala de *"observar o santo Evangelho"* (RB 1,1). Primeiramente se trata de perceber precisamente, de olhar e considerar, o que leva depois à imitação, ao seguimento e à ação. Devo olhar o próprio Senhor e Mestre Jesus Cristo e o observar minuciosamente. Como ELE, por exemplo, na última ceia lavou por ordem os pés dos seus discípulos (Jo 13,14f), devo depois, segundo o exemplo dele, eu mesmo tentar e imitá-lo. Francisco *"recordava-se em assídua meditação das palavras"* (1 Cel 84) do Senhor. Irmão Tomás usa para a palavra alemã "erinnern" o verbo latim *"recordari",* o que significa "de novo considerar com o coração".

2. A meditação da Santa Escritura segundo Francisco

A meditação da palavra de Deus que se fez carne tem então a ver com o coração. É uma atividade que *"chama de novo de volta as palavras e as obras de Cristo ou descobre de novo no coração"* (J. Schneider, Gottessehnsucht, Pg. 55). Trata-se de se dirigir com o coração (não com a cabeça) para a Escritura, segundo a palavra do Salmo: "Meu coração diz a teu respeito: 'Procura sua face!' É tua face, Jaweh, que eu procuro." (Sl 27,8) Trata-se de um encontro vivo com ELE, de permanecer um tempo na palavra que se "tornou carne". ELE quer se mostrar a mim, se comunicar, se deixar entender melhor.

Francisco cultivava uma "comunidade em conjunto" (J. Schneider) com a palavra de Deus no sentido do Evangelho de São João: *"Se alguém me ama, guardará minha palavra e o meu Pai o amará e a ele viremos e nele estabeleceremos morada"* (Jo 14,23). Cristo é "a imagem de Deus", a imagem do Deus invisível. Enquanto meditamos Cristo com atenção amorosa, experimentamos com o coração e os sentidos o que significa que ELE é o caminho para o Pai. ELE vai nos introduzir no SEU relacionamento com o Pai e nós ganhamos pátria na comunidade de amor trinitário.

A meta dessa semana de exercício é, de se exercitar para o encontro vivo com Cristo na SUA palavra. Os textos da Escritura são os textos das leituras atuais da celebração eucarística da Igreja Católica.

3. Exercício

A) Meditação do Evangelho do dia no passo tríplice

1. Em primeiro lugar começo a me perceber fisicamente e me "recolher". Depois invoco o Espírito Santo. Conscientizo-me que o olhar de Cristo repousa sobre mim e me oriento para ele: Como você Jesus está hoje olhando para mim?

2. Leio o texto do Evangelho do dia. Nisso volto os "olhos do coração" para ELE na situação atual, que é descrita no trecho da Escritura correspondente. Tento entender o que está acontecendo, porque ELE reage assim, etc... Nisso repito constante-mente o versículo ou os versículos, que me tocam.

3. Deixo todas as considerações e olho somente para ELE e fico na presença viva DELE. Deixo-me capturar segundo a vontade DELE. Termino a meditação, conversando com Jesus como quero hoje segui-Lo. Isso resume numa oração curta.

4. Se se trata de reconhecer a conduta de Deus na minha vida, se recomenda o seguinte:

   - Depois da meditação registro o versículo mais importante ou aquilo que quero viver por escrito.

   - À noite presto a Deus e a mim mesmo contas de como eu lidei com isso durante o dia.

   - Leio de tempos em tempos as minhas anotações em relação às meditações da Escritura e reconheço o "fio condutor" da conduta de Deus na sua palavra.

B) O Terço da Santa Escritura
(Segundo J. Schneider, Desejo de Deus, Pg. 68ff)

O terço da Santa Escritura está apropriado especialmente para uma fase de aprofundamento da meditação, na qual repito a palavra (veja acima 2.) Com Maria conservo e medito "todos acontecimentos / palavras no coração" (Lc 2,19). Quando o rezo durante a meditação, uso a oração "Grande, magnífico Deus ..." como Oração inicial de toda a meditação.

Início: *Oração de São Francisco para a*	Grande e magnífico Deus. Iluminai o meu espírito e dissipai as trevas da minha alma. Dai-me uma fé íntegra, uma esperança firme e uma caridade perfeita. Concedei

iluminação do seu coração	me Deus, que eu vos conheça muito, para poder agir de acordo Com a vossa santíssima vontade. Amém!
Primeira parte do "Ave Maria"	Ave Maria, cheia de graça, o Senhor é convosco. Bendita sois vós entra as mulheres, E bendito é o fruto do teu ventre, *Jesus*:
Aqui coloco um versículo do Evangelho, o qual eu repito 10 vezes	(Exemplo de Segunda-feira da 2a do Advento:) "Jesus que disse: Levante-te e anda!"
Segunda parte do "Ave Maria"	Santa Maria, mãe de Deus, rogai por nós pecadores, agora e na hora da nossa morte. Amém.
Continuação com o segundo mistério	
Primeira parte do "Ave Maria"	Ave Maria, cheia de graça, O Senhor é convosco. Bendita sois vós entre as mulheres e bendito é o fruto do teu ventre, *Jesus:*
Repetir o segundo versículo 10 vezes	p.ex. "Jesus, que cura com o poder do Senhor" ou "Jesus, que perdoe todos os pecados!"
Segunda parte da "Ave Maria"	Santa Maria, mãe de Deus, rogai por nós pecadores, agora e na hora da nossa morte. Amém.
Etc.	

Outra recomendação de literatura:

Heinz Schuermann, Ein Jahr der Jesusbegegnung – Die Evangelien der liturgischen Leseordnung fuer Werktage ins Gebet genommen; Ein Werkbuch fuer Geistliche Schriftlesung und Inneres Gebet, Paderborn 1997

3. Oração totalitária – Estado de oração

Introdução

Recolho-me e me conscientizo: Existe uma posição de oração, em que gosto de ficar?
- na oração pessoal
- na eucaristia
- na meditação da palavra de Deus
- quando medito a oração de Jesus

1. Encontrar uma oração totalitária – perceber e expressar meu estado de oração

> Cada estado de ânimo insiste em uma expressão corporal, física. Todos os acontecimentos do coração – como alegria, sofrimento, amor, arrependimento, luto, defesa... – procuram a sua expressão corporal. Também fé, esperança e amor, que influenciam o relacionamento na oração, nunca são somente movimentos espirituais-psíquicos; eles se expressam em sinais e gestos: O estado de oração se "incorpora".

> No entanto, os nossos horários de oração explícitos precisam já desde o início grande cuidado, para conseguir um estado de oração verdadeiro, significa que o estado mental espiritual-psíquico, a atitude e o estado físico coincidem na sua expressão e se apoiam mutuamente.

> Anthony de Mello enfatiza nos seus auxílios de oração a inclusão do corpo como particularmente útil.

"Aproxime-se DELE ou sente-se ou ajoelhe-se diante DELE com mãos piamente dobradas. Ou melhor: Expresse com o seu corpo a atitude de veneração devota, que você gostaria de sentir na SUA presença, mas que não consegue no momento da secura e tibieza. Muito provavelmente você percebe, que o seu corpo e o seu coração também muito em breve exprimam o que o seu corpo manifesta. Você vai sentir mais forte a SUA presença e o seu coração inerte vai se aquecer. Nisso consiste a vantagem da oração com o corpo. Eu não somente tenho um corpo, mas sou meu corpo".

➤ A instrução *inaciana* fala sobre a oração totalitária: *"Entrar na meditação, logo ajoelhado, logo esticado no chão, daqui a pouco estará deitado de barriga para cima, logo sentado, logo em pé; enquanto estou sempre em busca daquilo que eu quero".* E esse "o que eu quero" não é em primeiro lugar uma coisa do intelecto, mas muito mais aquilo para onde eu quero chegar por causa da insistência do Espírito Santo. Por isso é importante entrar nos horários de oração com capricho, cuidado e recolhimento para encontrar o estado de oração e depois ficar nele.

2. Encontrar a oração interior

Em cada forma de oração (seja na oração oral, meditativa ou contemplativa) se trata no final da "oração interior". Isso não é um nível de oração, mas uma postura interior que acompanha e consolida toda oração, que envolve o homem inteiro. A oração interior é uma atenção amorosa direcionada a Deus – uma conscientização da SUA presença e da SUA vontade de querer sempre construir um relacionamento com nós homens.

A oração interior faz efeito em duas direções: Aquele que reza prevê algo da oposição da perfeição divina em relação à própria condição humana fragilizada. Mas ele sente também na grandeza de Deus o amor que abrange tudo, no qual ele sabe que é totalmente e para sempre acolhido e protegido.

3. A oração totalitária de Francisco e Clara

Irmão Tomás de Celano escreve:

> ➤ *"Francisco, o homem de Deus, corporalmente distante do Senhor, lutava para manter o espírito presente no céu... Toda a sua alma tinha sede do seu Cristo, ele lhe dedicava não só todo o coração, mas também todo o corpo... Sempre procurava um lugar escondido em que pudesse unir a seu Deus não só o espírito, mas também cada membro. Quando era subitamente agraciado em público pela visita do Senhor, para não estar sem cela, fazia do manto uma pequena cela..."* (2Cel, 94)

> ➤ *"Mas, rezando nas florestas e nos lugares solitários, enchia os bosques de gemidos, banhava os lugares de lágrimas, batia com a mão no peito e aí, encontrando como que um esconderijo mais oculto, conversava muitas vezes com palavras com seu Senhor... Muitas vezes, com os lábios imóveis, ruminava interiormente e, arrastando para o interior as realidades exteriores, elevava o espírito às superiores. Assim, totalmente trans-formado não só em orante, mas em oração, dirigia toda a atenção e todo afeto a uma única coisa que pedia ao Senhor..."* (2Cel, 95)

➢ Francisco encontra a maior identidade na oração. Isso se percebe também através da sua linguagem: cada vez quando ele fala *"Deus"* ou *"Jesus"* a sua linguagem se eleva para uma expressão poética e uma oração. Ele vive em constante disponibilidade de oração numa atitude, que facilmente passa a um olhar e júbilo extático. Na sua oração Francisco é versátil, seja no seu conteúdo seja na sua expressão: Ele louva, agradece, adora, cala, rumina (oração repetitiva), sussurra melodias... Ele inclui o corpo recolhido sentado, em pé, andando, ajoelhado, deitado, inclinado profundamente para terra, esticado em forma de cruz... Ele reza, por exemplo, antes da sua estigmatização em 1224 no monte Alverne muito tempo com os braços esticados: *"Quem és tu, dulcíssimo Deus – quem sou eu, vermezinho, o seu pequeno servo"* (veja Rotzetter/ Dijk/ Matura: Franz von Assisi, Nr. 43/44).

4. Ensaio no meu próprio estado de oração

A)

➢ Recolho-me no lugar onde eu quero rezar.

➢ Com um gesto largo assumo uma postura concentrada, talvez a minha postura preferida.

➢ Devagar, com ajuda da respiração, sinto as várias partes do corpo e percebo possíveis tensões ou partes relaxadas ("sentir" e não pensar!)

➢ Através da escuta da minha respiração, mais e mais, me deixo levar ao centro da minha pessoa, atravessando conflitos atuais, apuros...

B)

> Fico em silêncio e escuto se surge um grito reprimido que quer se expressar talvez corporalmente. Isso é o meu estado de oração.

> Esses clamores que surgem podem se expressar também em palavras da Santa Escritura, como:
"Minha alma tem sede de Deus!"
"Você me deu um corpo. Veja, eu venho para cumprir a tua vontade."
"Senhor Jesus Cristo, tenha piedade de mim."
"Louvo-Te Pai, Senhor dos céus e da terra..."

C)

> Sinto o gesto, que corresponde aquilo que reconheci na oração e o que quero pôr em prática no dia-dia.

5. Um exercício de relaxamento se têm exigências especiais

Chegada	Tenho tempo, me sento e me acalmo.
Sentir o corpo	Percebo como estou sentado, como a cadeira e o chão me carregam. Estabilizo-me e me levanto interiormente. Minhas mãos repousam no colo, meus olhos estão meio-abertos dirigidos ao chão.
Relaxamento do corpo	Relaxo o meu corpo, a partir do meio para baixo e para cima. Enquanto eu inspiro eu percebo as partes do corpo e expirando relaxo.

Respiração	Escuto a minha respiração, como ele vem e como ele sai e expiro. Tudo que me atormenta.
Distensão da vontade	Deixar toda pressão e vontade própria. Não preciso representar, alcançar ou render nada.
Distensão do espírito	Então relaxo o meu espírito. Tudo pode existir como é: A minha disposição, meus pensamentos e sentimentos, pessoas, ruídos ... Não seguro nada; deixo tudo passar – Também resistências, tentações, cansaço ...
Estar acordado e aberto na presença de Deus	Estou completamente presente e percebo a SUA presença na fé. Deixo surgir diante DELE "o que eu quero". Escuto o clamor do meu coração, o suspiro do espírito que quer surgir ... Assim me torno aberto para o mistério trinitário, que está presente na minha profundeza – ELE, o totalmente Diferente.
Deixar acontecer comigo	Estar presente na SUA presença, no seu olhar – olhar- calar... Olhar para trás. Sentir, que forma de Cristo – que palavra de Deus quer crescer dentro Mim. (Por exemplo, Jesus Cristo, que reza - que cura- que levanta de – O crucificado e abandonado – o ressuscitado). Perceber, como o amor do Pai repousa sobre Jesus, assim também sobre Mim.

Para finalizar	Agradecer com o corpo e – como Francisco fala – "Retribuir todo bem"! "Permanecem no meu amor!"

4. Encarnação – Deixar acontecer o nascimento de Deus em nós

Introdução

Preparo-me atenciosamente, para me deixar introduzir no tema da semana. Deixo surgir dentro de mim o meu desejo existencial mais profundo de Natal. Posso encontrar o meu desejo de coração, num canto de Natal, numa oração, numa palavra da escritura ou num poema?

1. A imagem de Deus de São Francisco

Francisco admira e medita constantemente três mistérios da vida de Jesus: a descida humilde de Deus em nossa carne e sangue na encarnação de Jesus (presépio); a descida humilde e paciente de Jesus até os abismos mais escuros da nossa vida na sua paixão até a morte na cruz e a humilde doação de Jesus aos homens na Eucaristia. Adorando, ele se ajoelha diante do pão eucarístico; sofrendo junto ele lê dia e noite, no "livro da cruz de Cristo"; admirando, ele medita e deseja o mistério da encarnação de Deus em nossos corações, no seu coração.

Nessa meditação duas atitudes se tornaram muito importantes para Francisco: a "Humilitas" = humildade e a "Patientia" = paciência. Na encarnação de Jesus ele descobre a Humilitas, que se aproxima do húmus, da terra, então a humilde humilhação de Deus. Na paixão ele medita o sofrimento paciente, a Patientia de Deus, com a meta de amar e trazer o homem de volta para a comunhão com Deus.
Na segunda Carta aos Fiéis, Francisco fala que a Humilitas de Jesus consistiu no fato, que ele aceitou verdadeiramente no

ventre de Maria, a carne da nossa humanidade e fragilidade. Jesus aceitou ser um humano não somente com os lados bonitos, mas justamente também na sua realidade frágil. Para a descrição dessa realidade Francisco usa nos seus escritos três termos: "fragilitas" (fragilidade, debilidade, fraqueza), "debilitas" (paralisia, fragilidade) e "infirmitas" (doença, impotência, falta de talento, falta de caráter, inconstância, falta de autoconfiança, falta de independência, inconfiabilidade). Nisso, trata-se realmente de uma aceitação completa da nossa fragilidade. Jesus aceitou a nossa fragilidade para que nós pudéssemos nos encontrar com ELE na nossa fragilidade e ali, com ELE, encontrar cura, libertação e reconciliação.

No Alverne, no auge da sua vida, Francisco reconhece finalmente que Deus mesmo é a Humilitas e a Patientia. Quando ele reza nos Louvores a Deus Altíssimo: *"Vós sois a humildade", "Vós sois a paciência!"* – entende que são essas as características do Pai que se manifestam em Jesus. *"Quem me vê, vê o pai!"* Deus mesmo resplandece então na humilhação degradante e na paciência sofrida de Jesus. A Humilitas e a Patientia são, então, não somente pressupostos para encontrar um relacionamento com Deus, mas Deus mesmo é a humildade e a paciência. O homem humilde e paciente já está em Deus, ele tem parte de Deus: Você em mim e eu em você!

2. Encarnação – o nascimento de Deus em nós

Em Jesus, então, Deus se inclina aos mais escuros abismos do ser humano, para levar tudo o que está perdido de volta ao seu amor. Mais ainda, Jesus não desceu somente ao mesmo nível do ser humano, mas ele desceu mais fundo ainda e se colocou na cruz, no último lugar, no lugar mais baixo e inferior do ser humano. ELE, o próprio Deus se fez realmente o último dos homens. Que humildade! Que paciência!

Para nós humanos isso significa concretamente: Deus nos espera nos nossos lugares abismais: nos abismos da nossa vida; o nosso coração é o lugar da encarnação em nós. O caminho franciscano da união com Deus leva-me também para baixo, na minha fragilidade, na minha debilidade e na debilidade de nossa comunidade. É uma descida onde vamos encontrar a nossa própria verdade, a nossa própria impotência e, por isso, é um caminho de humildade. Então, não se trata de livrar-me de tudo, de exterminar tudo que não cabe na minha imagem e que eu gostaria de ter. Trata-se de deixar tudo emergir na luz que devasta a escuridão do meu coração e prolifera lá; por assim dizer: deixar entrar tudo no barco, para poder, depois, deixar tudo entrar em contato com o Jesus humilde e paciente, com suas chagas e assim deixando tudo se transformar.

Por assim dizer, o céu franciscano começa onde eu e a minha comunidade estamos diante de Deus como seres pecadores, débeis, frágeis e onde pedimos a sua graça. Assim ELE pode se tornar carne e sangue em nossos corações.

3. Francisco vê um paralelo entre a encarnação e a eucaristia

Finalmente Francisco descobre as duas atitudes também na eucaristia, no pão, que se deixa partir para nós. Na primeira admoestação ele escreve (Ad 1,16): "Eis *que diariamente ele se humilha, como quando veio do trono real ao útero da Virgem!*"

Aqui Francisco fala ao mesmo tempo do mistério da encarnação e da eucaristia. Na celebração da eucaristia ele vê como a encarnação continua no tempo. São Boaventura absorve esse pensamento: "*por meio do amor ardente; através dele ele se entregou a nós (na encarnação); se doou a nós (na morte na cruz; se deu de novo (na eucaristia) e fica conosco até o fim do mundo."* (Breviloquium VI,9).

4. Seguimento significa admitir o nascimento de Deus

Para Francisco a resposta do homem à humildade de Deus que ele experimentou, pode somente existir em seguir Cristo nesta humildade e doação. Francisco então descobre o Deus, muito humilhado e humilde na criança totalmente pobre no presépio, no Cristo sofredor na cruz e na eucaristia. Lá onde Cristo está Francisco quer estar também. Ele quer descer na humildade e paciência DELE, para compartilhar com ELE a sua vida, para se assemelhar sempre mais a ELE através da imitação, como Paulo fala: *"Não mais eu vivo, mas Cristo vive em mim"*!
Francisco está convicto que através da atitude humilde e paciente do homem, ele vai ser presenteado com a comunhão e a unidade com a Trindade Divina. Assim Francisco escreve na Carta os fiéis (2 Fi 48): " ... E à medida que todos aqueles e aquelas fizerem tais coisas (ficar humilde e puro) e perseverarem até ao fim, *pousará sobre eles o Espírito do Senhor e fará neles habitação e um lugar de repouso* (cf. Jo 14,23).

5. Exercício (veja o seguinte esboço)

Na oração de respiração eu posso exercitar a descida de Jesus (expirar) e me deixar levar (inspirar) na ascensão do Cristo Ressuscitado.

➤ Eu convido Jesus para vir ao meu encontro na minha fragilidade concreta e ganhar forma. Absorvo o desejo, o suspiro do Espírito em mim.

➤ No ritmo da respiração desço com Jesus até a minha fragilidade – atravessando as camadas da resistência e da dor. Ao mesmo tempo peço que possa aceitar e aguentar. Inspirando, espero a nova vida de Cristo e me abro para as pessoas, que fazem parte da minha vida.

➤ No ponto mais baixo me deixo levar por Jesus até ao Pai e me deixo transformar. Continuar nessa direção e tentar viver no dia a dia a alegria redimida.

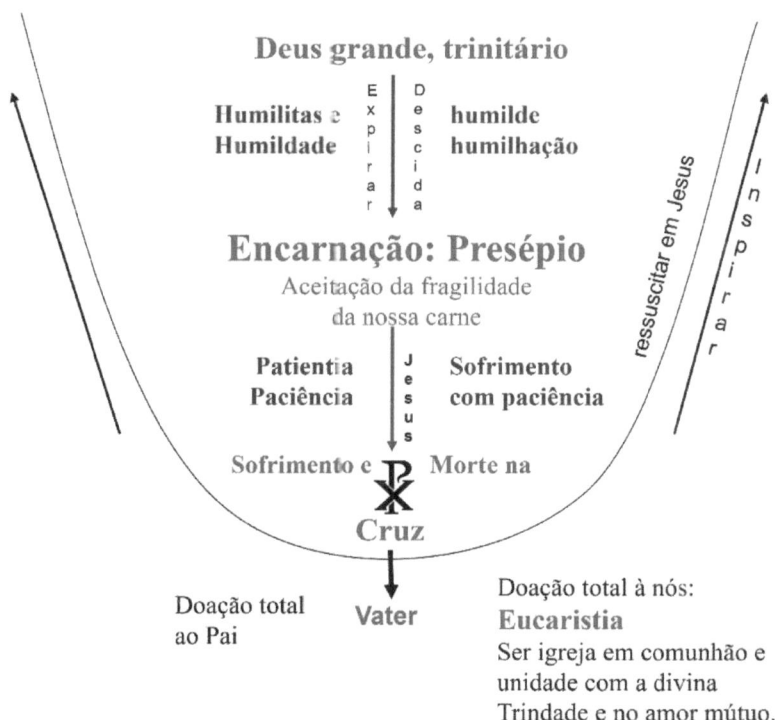

Deus grande, trinitário

Humilitas e
Humildade

humilde
humilhação

Encarnação: Presépio

Aceitação da fragilidade
da nossa carne

Patientia
Paciência

Sofrimento
com paciência

Sofrimento e   Morte na

Cruz

Doação total
ao Pai

Vater

Doação total à nós:
Eucaristia
Ser igreja em comunhão e
unidade com a divina
Trindade e no amor mútuo.

5. Preparar para ELE uma morada e habitação

I. Como Maria

Introdução

Nessa semana nós contemplamos o mistério da encarnação do Filho de Deus no espírito de São Francisco. Sua *"Saudação à bem-aventurada Virgem Maria"* e o ícone da *"Mãe do Signo"* devem ser para nós uma ponte, sobre a qual nós nos deixamos guiar na vocação central de cada cristão e cada cristã.

Recolho-me através da oração do Papa João XXIII:

"Enfeita meu coração, Senhor,
com a tua presença,
e transforma-o numa morada para TI!

Você é o hóspede que eu espero,
o amigo, que deve ficar comigo.
Para você, que merece um palácio,
posso somente oferecer uma pobre cabana.

Enfeito meu coração com saudade e desejo.
Então o brilho do céu vai iluminar a minha morada.
Minha casa – a catedral,
meu coração – meu tabernáculo.

Enfeita meu coração, Senhor,
com a TUA presença,
transforma-o numa habitação para TI!"

1. Algumas indicações para o tipo de ícone " Nossa Senhora do Signo"

O ícone está baseado na palavra da Escritura de Isaías 7,14: *"Pois sabei que o Senhor mesmo vos dará um sinal: Eis que a jovem concebeu e dará à luz um filho e por- lhe- á o nome de Emanuel."*

Tendo em vista essa promessa na Igreja Oriental foi criado um ícone com o nome *"Znamenie"– Mãe de Deus do Signo"*, cujo original estava na "Blachernen-Igreja", (uma igreja antiga de Constantinopla). Iconograficamente a origem desse tipo pode ser determinada até o IX século. Nesse ícone, pode-se falar que existe uma ampla concordância entre a imagem e o nome.

Imediatamente nos chama a atenção a forte centralização da imagem que, por assim dizer, nos atrai. O centro acentuado recolhe e une as nossas tendências diver-gentes, que nos causam dor. Maria está numa atitude orante; uma atitude de oração da antiguidade, atitude de espera, totalmente orientada para o cumprimento da promessa. A cor da veste da Mãe de Deus é designada como marrom-púrpura. Marrom é a cor da terra, púrpura a cor do sagrado, da realeza. Em Maria estão unidos céu e terra. No seu peito paira numa auréola, a imagem do peito do Cristo "Emanuel". O Cristo majestoso sobressai do círculo. A sua mão direita está levantada como sinal da fidelidade de Deus à aliança. A mão esquerda abrange o pergaminho, sinal da palavra eterna, que procede do Pai.

A Mãe de Deus do Signo é retratada preferencialmente no "Diskos", no altar, onde vão ser preparadas as ofertas para a celebração da eucaristia. Nisso está uma indicação para a vinda do Emanuel até nós, como antigamente no ventre da Mãe de Deus. Em muitos hinos esse mistério é enaltecido, especialmente na época de Natal. Para Francisco se torna uma experiência de oração.

A Mãe de Deus do Signo – Referência: https://orthpedia.de

2. Ser como Maria – a vocação principal do cristão e da cristã

São Francisco medita analogamente à Mãe de Deus o cristão, a cristã como uma pessoa que, através do Espírito do Senhor, se tornou *"sua morada e habitação"*. Ele e ela está chamados, no mais íntimo do coração, para fazer *"sempre aí uma habitação e um lugar de repouso"* (RnB 22,27) e ao mesmo tempo viver na comunidade trinitária.

O coração é o templo vivo, no qual cresce o amor, o relacionamento entre Deus e o homem. A Virgem Maria é o modelo daqueles que acolhem a palavra de Deus, que a conservam na célula interior do silêncio e a colocam em prática diariamente.

Na carta aos Fiéis, Francisco se dirige fervorosamente às mulheres e aos homens, *que eles devem odiar o seu falso eu e "amar o Senhor de todo o coração... e o seu próximo como a si mesmos."* Ele explana as grandes promessas do Evangelho (Mt 12,50; Jo 14,23), que para ele se tornam uma experiência mística: *"Quão bem-aventurados e benditos são aqueles e aquelas ao fazerem tais coisas e nelas perseverarem, porque pousará sobre eles o espírito do Senhor e fará neles habitação e um lugar de repouso; e são filhos do Pai celestial, cujas obras realizam, e são esposos, irmãos e mães de Nosso Senhor Jesus Cristo. Somos esposos, quando a alma fiel se une pelo Espírito Santo a Nosso Senhor Jesus Cristo. Somos seus irmãos, quando fazemos a vontade do Pai que está nos céus. Somos suas mães, quando o trazemos em nosso coração e em nosso corpo através do amor divino e da consciência pura e sincera; damo-lo à luz por santa operação que deve brilhar como exemplo para os outros."* (1 Fi 1,5-10)

3. A "Saudação à Bem-aventurada Virgem Maria" de São Francisco

Na "Saudação à Bem-aventurada Virgem Maria", a experiência de São Francisco se tornou uma oração:

Ave, Senhora, Rainha santa,
Santa Maria mãe de Deus,
Virgem feita igreja,
e que do céu foste escolhida pelo santíssimo Pai,
a quem ele consagrou com seu santíssimo e dileto Filho
e com o Espírito Santo Paráclito,
e em quem esteve e está toda a plenitude da graça e todo o bem!

Ave, palácio do Senhor!
Ave, tabernáculo do Senhor!
Ave, casa do Senhor!
Ave, vestimenta do Senhor!
Ave, serva do Senhor!
Ave, mãe do Senhor,
E vós, santas virtudes todas,
Que pela graça e iluminação do Espírito Santo
Sois infundidas nos corações dos fiéis
Para os tornardes de infiéis em fiéis a Deus!

4. Para o entendimento da oração

Para o entendimento da oração vamos absorver algumas indicações de Frei Leonhard Lehmann OFMCap, do seu livro "Francisco – Mestre de oração" (Kevelaer 1989).

A saudação à Bem-aventurada Virgem Maria está dividida em três estrofes, que são mais uma vez divididas em três partes. Evidentemente manifestou-se aqui na forma da saudação a veneração de São Francisco para a Santíssima Trindade.

A saudação do anjo (Lc 1,28) junto com a saudação de Isabel (Lc 1,42) foi conhecida desde o século VII-VIII, através da "Ave Maria". A partir de 1200 os sínodos começam a prescrever e rezar a "Ave Maria" depois do "Pai nosso" – naquela época ainda sem o acréscimo introduzido por Bernardino de Siena (+ 1444): *"Santa Maria, Mãe de Deus, rogai por nós pecadores agora e na hora da nossa morte."* Esse acréscimo foi divulgado sobretudo através do "Anjo do Senhor", apoiado pelos Franciscanos.

Francisco amplia a saudação do anjo para um tipo de ladainha de sete "Aves". Ele conhece hinos e cantos sobre a maternidade de Deus de Maria, mas sua originalidade nos acréscimos é inconfundível. Francisco medita o tempo antes; depois se abre à saudação da encarnação do Filho de Deus em Maria até hoje: *"E em quem esteve e está toda a plenitude da graça"*. Respectivamente se alarga também o círculo das pessoas: O que Deus fez em Maria ele pode e quer causar sempre de novo através do Espírito Santo. A presença da plenitude de Deus em Maria e na Igreja é um acontecimento atual: plenitude da graça e todo o bem se referem a todas as pessoas e em todos os tempos: a todos os fiéis, cuja fé e fidelidade devem amadurecer mais ainda, aos infiéis, que devem estar presentes no desejo dos oradores. Francisco reza na sua veneração mariana de uma forma missionária.

5. Exercício

A)

> ➢ Dou para o ícone "A Mãe de Deus do Signo" um lugar digno no meu quarto:

> ➢ Arrumar carinhosamente a sala, meu corpo e incluir o meu estado de oração pessoal, entrar no espaço do silêncio. Cautelosamente imaginar o gesto de Maria e deixar desenvolver um gesto de oração – deixar-me olhar. Encontrar o centro e junto com Maria almejar a graça de ser SUA morada e habitação. (Jo 14,23)

> ➢ Ruminar a "Saudação à Bem-aventurada Virgem Maria" no ritmo da respiração (rezar repetitivamente).

> ➢ Entrego-me ao mistério e peço permanecer nele no dia-dia agitado.

B)

Rezar o "Anjo do Senhor" nessa atitude contemplativa com Francisco: Francisco, na sua visita do oriente ficou impressionado como os muçulmanos foram chamados para rezar através do muezim. Assim ele desejava, depois do seu retorno, que seus irmãos, nas suas viagens missionárias, convidassem o povo para rezar e lembrar com gratidão, três vezes ao dia, a encarnação de Deus. Também por isso se desenvolveu a tradição católica de rezar três vezes ao dia a oração do "Anjo do Senhor".
Rezo o "Anjo do Senhor", contemplando interiormente o mistério, como oração de vocação, para que muitas pessoas

encontrem a sua vocação fundamental, de carregar dentro de si o Cristo Emanuel e testemunhá-Lo no mundo de hoje.

II. Primeira Carta aos Fiéis (1 Fi)

Introdução

Nos seus últimos anos de vida Francisco insistiu em repassar as suas experiências espirituais aos homens. Assim ele escreveu muitas cartas. Uma delas para todos os fiéis cristãos. Nela ele desenvolve uma mística profunda do relacionamento amoroso entre Deus e o homem:

"Quão bem-aventurados e benditos são aqueles e aquelas ao fazerem tais coisas e nelas perseverarem, porque pousará sobre eles o espírito do Senhor e fará neles habitação e um lugar de repouso (veja Jo 14,23); e são filhos do Pai celestial, cujas obras realizam, e são esposos, irmãos e mães de Nosso Senhor Jesus Cristo.
Somos esposos, quando a alma fiel se une pelo Espírito Santo a Nosso Senhor Jesus Cristo.
Somos seus irmãos, quando fazemos a vontade do Pai que está nos céus.
Somos suas mães, quando o trazemos em nosso coração e em nosso corpo através do amor divino e da consciência pura e sincera; damo-lo à luz por santa operação que deve brilhar como exemplo para os outros.
Como é glorioso, santo e sublime ter nos céus um Pai!
Como é santo, consolador, belo e admirável ter tal esposo!
Como é santo e dileto, muito aprazível, humilde, pacífico, doce, amável e acima de tudo desejável ter tal irmão e tal

filho: nosso Senhor Jesus Cristo, que expôs a sua vida pelas suas ovelhas." (1 Fi 1,5-13)

Exercício

1. Pousará sobre eles o espírito do Senhor e, fará neles habitação e um lugar de repouso (Veja Jo, 14,23).

Muitas vezes nós nos esforçamos, para fazer de nossa alma e do nosso corpo uma habitação do Senhor. Mas Deus nos promete que o Espírito Santo prepara para si mesmo dentro de nós uma habitação e um lugar de repouso. Ele age.

Permaneça com a frase: "O espírito do Senhor repousa sobre mim." Ou "O espírito do Senhor fará comigo uma habitação e morada". Abra-se nisso para a presença de Deus dentro de você.

2. Somos esposos, quando a alma fiel se une pelo Espírito Santo a Nosso Senhor Jesus Cristo.

A expressão noivo, esposo (sponsus) indica o relacionamento íntimo e amoroso entre a alma do homem e Jesus Cristo. Mas eu não me tornei esposo de Jesus porque eu mesmo que construí esse relacionamento com Jesus Cristo, mas porque o Espírito Santo me uniu com o Senhor.

Permaneça com a afirmação que você, como esposo através do Espírito Santo, está unido com Jesus Cristo. O que provoca isso dentro de você?

3. Somos seus irmãos, quando fazemos a vontade do Pai que está nos céus. (Veja Mt 12,50)

Como irmãos e irmãs de Jesus nós estamos ao seu lado. Somos com ele filho e filha do Pai do céu. Mas a vontade do Pai não quebra a nossa vontade, mas abrange a nossa vontade própria lutando com ela. Exatamente isso fez o nosso irmão Jesus, que *"colocou a sua vontade na vontade do Pai"*.

Tente numa área, que te preocupa no momento, colocar a sua vontade na vontade do Pai do céu, como nós podemos colocar as nossas mãos nas mãos outra pessoa (veja o gesto da profissão religiosa, quando as mãos da irmã professa ou do irmão professo são colocadas nas mãos da superiora ou do superior). Ou: Permaneça no pedido do "Pai-nosso": "Seja feita a tua vontade!" Onde sinto resistências?

4. Somos suas mães, quando o trazemos em nosso coração e em nosso corpo através do amor divino e da consciência pura e sincera; damo-lo à luz por santa operação que deve brilhar como exemplo para os outros.
Interpretando o Evangelho (veja Mt 12,50) Francisco nos disse, que como mães podemos dar à luz a Jesus. Nisso a nossa alma e o nosso corpo participam no parto.

Considere esse mistério da encarnação de Jesus na sua vida e a promessa, que você pode ser mãe de Jesus. Onde você dá à luz a Jesus através do seu ser e seu agir neste mundo?

5. Como é glorioso, santo e sublime ter nos céus um Pai! Como é santo, consolador, belo e admirável ter tal esposo! Uma criança fica orgulhosa quando seu pai é renomado e famoso. Uma noiva se alegra com a beleza do seu noivo. Quem poderia ter um Pai maior e um noivo mais belo que é Cristo do que nós?

Permaneça como criança na consciência da grandeza do seu Pai do céu. Medite Deus, como uma mulher apaixonada contempla o seu namorado. E deixe-se olhar por Deus,

como uma noiva bonita que se deixa admirar pelo noivo. O
que provocam essas reflexões em você?

6. Como é santo, consolador, belo e admirável ter tal esposo!
Como é santo e dileto, muito aprazível, humilde, pacífico,
doce, amável e acima de tudo desejável ter tal irmão e tal filho:
Nosso Senhor Jesus Cristo, que expôs a sua vida pelas suas
ovelhas.

Crianças confiam na força dum irmão mais velho que
consegue livrá-las de qualquer perigo. Mães ficam orgulhosas
quando suas filhas ou filhos têm sucesso ou prestígio.

Coloque Jesus diante de seus olhos como um irmão mais
velho ou acompanhe a história de vida dele com os olhos e
com o coração da mãe dele.
Você consegue sentir alegria pelo caminho dele e sentir
orgulho dele? O que te alegra particularmente da vida de
Jesus no momento que os Evangelhos nos relatam?

7. Preparar para ELE uma morada e habitação

Repita e aprofunde um dos exercícios. Ou o trans-forme de
uma maneira que corresponda à sua necessidade.
Ou: Fique na consideração da expressão "morada e
habitação de Deus".

6. Francisco degusta o nome "Jesus"

Introdução

Antes de nos dedicar ao tema apresentado podemos nos perguntar:

➢ Meu nome – o que ele significa para mim?
➢ O que sinto quando alguém me chama pelo próprio nome?
➢ Que relação tem com os nomes de outras pessoas?
➢ O nome "Jesus" – o que ele significa para mim?

1. Veneração do nome "Jesus" na história

Embora na Santa Escritura já se encontre uma grande consideração pelo nome de Jesus, (*"Pois não há, debaixo do céu, outro nome dado aos homens pelo qual devamos ser salvos"*, At 4,12) o cristianismo primitivo não conheceu a fundo ainda uma veneração ao nome de Jesus. Somente na Idade Média se desenvolveu uma veneração popular ao nome "Jesus", especialmente nas ordens mendicantes (Cistercienses / Bernardo de Claraval e Dominicanos / Heinrich Seuse). Ela foi promovida especialmente através dos Franciscanos e atingiu o auge com Bernardino de Siena (+1444) e João Capistrano (1456), os dois famosos pregadores peregrinos franciscanos.

Antônio de Pádua (+1231), o primeiro professor da teologia para os irmãos da ordem franciscana, designava o nome de Jesus como *"nome cheio de amenidade e bênção"*, porque lembra o cargo da salvação de Cristo (Jesus em hebreu significa "Jaweh salva").

Ele recomenda opor-se especialmente com a força desse nome ao inimigo maligno. Também de Boaventura (+1274) se conta coisas semelhantes.

Mas o grande pregador do nome de Jesus é Bernardino de Siena. Com o seu zelo ele convenceu também um grande número de sacerdotes para colocar o nome de Jesus sobre os altares ou deixá-lo pintar nas paredes internas e externas das igrejas. Também em prédios públicos o nome do Senhor foi escrito com letras gigantescas.

Na abreviação do nome IHS ele coloca um conteúdo expressivo. Na língua alemã a tradução é: "Jesus, Salvador, Bem-aventurado". Desse nome faz um emblema com raios de sol. *"Assim, a saber, eu vi o doce nome do nosso Salvador em êxtase"* ele explica para as pessoas.

Comentário sobre o nome de Jesus (Monograma de Cristo): A afirmação curta "IHS" deriva-se do conteúdo grego da fé: "Jesus Cristo é o Filho de Deus, o salvador (Jesus Christus – Huios Theos – Soter). Diversos interpretações (populares) surgiram do monograma em língua latina:

- *Jesus Hominum Salvator:* Jesus, salvador do homem.
- *In hoc salus:* neste está a salvação.
- *In hoc signo (vinces):* Sob este sinal (você vai triunfar).
- *Jesum Habemus Socium:* Temos Jesus como companheiro (Sociedade de Jesus/Jesuítas)

Monograma em Carceri, foto: Ir. Christina Muelling

2. Francisco e o nome de Jesus

A veneração franciscana do nome "Jesus" tem o seu início em Francisco, sobre isso Irmão Tomás de Celano conta na sua primeira descrição de vida (=1 Cel) do ano 1228/29: *"Comovia-se, acima da compreensão dos homens, quando nomeava vosso nome, ó Senhor santo"*. Por isso ele recolhia algum escrito do chão e colocava-o "em lugar sagrado e honesto, *temendo que aí estivesse escrito o nome do Senhor..."* *(1 Cel 82).*

Relacionando-se com a celebração do presépio de Greccio, nós escutamos o seguinte de Francisco: *"Prega em seguida ao povo presente e profere coisas melífluas sobre o nascimento do Rei pobre e sobre Belém, a pequena cidade. Muitas vezes quando queria nomear o Cristo Jesus, abrasado em excessivo*

amor, chamava-o de "Menino de Belém" e, dizendo "Belém"
à maneira de ovelha que bale, enchia toda sua boca com a voz,
mas mais ainda com a doce afeição." (1 Cel 86)

A menção do nome de Jesus num certo sentido é difícil para
Francisco. Como causa para essa "inibição de falar" Irmão
Tomás indica o amor imenso que surgiu nele através do nome
de Jesus. Ele nem precisava pronunciar o nome de Jesus, era
suficiente, quando ele queria somente mencionar o nome de
Jesus, que um amor tão grande o colocava em exaltação que o
impedia de pronunciar o nome do amado. Assim ele desviou
para uma paráfrase: "Menino de Belém."

O seu amor ardente para com Jesus se expressou até no seu
físico: *"Também seus lábios, quando pronunciava "Menino*
de Belém" ou "Jesus", como que o sorvia com a língua,
saboreando com feliz paladar e engolindo a doçura desta
palavra." (1 Cel 86). A maneira de se expressar de Celano
talvez pareça exagerada. Mas no profeta Jeremias nós já
encontramos o motivo de saborear e engolir as palavras e o
nome de Deus. *"Quando se apresentavam palavras tuas, eu as*
devorava: tuas palavras eram para mim contentamento e
alegria de meu coração. Pois teu nome era invocado sobre
mim, Jaweh, Deus dos Exércitos". (Jr 15,16) Jeremias engole
as palavras de Deus como um alimento que dá vida. A alegria
invade o seu coração, porque através delas o nome do Senhor
está sobre ele, significa: o próprio Senhor está presente no seu
nome. *"Nomes e palavras de Deus se tornam um sinal*
sacramental para a presença viva e amorosa do Senhor. É
essa presença do próprio Senhor que Francisco, através do
pronunciamento do nome de Jesus, acariciando-o,
saboreando-o e engolindo-o, acolhe no seu interior, como uma
comunhão verbal, mas realmente mística." (J. Schneider,
Gottes-Sehnsucht, Pg. 132)

Também quando Irmão Tomás fala do Alverne ele menciona a oração do nome "Jesus" de São Francisco: *"Além disso, os irmãos que conviveram com ele sabiam quão cotidiana e contínua fora na boca dele a conversa sobre Jesus, quão doce e suave a sua maneira de falar e quão benigna e cheia de amor sua maneira de conversar sobre ele. A boca falava da profusão do coração, e a fonte de amor iluminado, enchendo todas as entranhas dele, jorrava para fora. Realmente, ele tinha muitas coisas com Jesus: sempre trazia Jesus no coração, Jesus na boca, Jesus nos ouvidos, Jesus nos olhos, Jesus nas mãos, Jesus nos demais membros."* (1 Cel 115)

3. O sentido da oração de Jesus

"O ficar sempre com Jesus, a comunhão espiritual com ELE é o sentido verdadeiro da oração de Jesus. A pronunciação contínua do nome "Jesus" é comunhão com a palavra de Deus na sua maneira mais densa e pessoal: no seu nome revelado. Por isso essa forma de oração permanente abrange todo o ser. Ela vai dos lábios, que saboreiam o nome de Jesus ao coração, que assim se torna "fonte do amor iluminado", enche inteiramente o mundo das emoções interiores e sai de novo para fora até penetrando todos os membros do corpo. "(J. Schneider, Gottes-Sehnsucht, Pg. 134)

Através do exercício amoroso permanente do nome de Jesus, Francisco pratica um carregar materno de Jesus dentro de si, com corresponde à segunda carta aos Fieis: *"... somos mães, quando o trazemos em nosso coração e nosso corpo através do amor e da consciência pura e sincera".* (2 Fi 53)
A veneração do nome de Jesus e o exercício da oração de Jesus pertencem então às formas de devoção franciscanas mais originais. Elas devem nos acompanhar essa semana.

4. Exercícios

A) Exercício da oração de Jesus (segundo E. Jungclaussen OSB)

> Sentar bem, posição do corpo reto, mãos colocadas no colo ou nas coxas.

> Interiorize-se e perceba a sua respiração! Deixe surgir e sair naturalmente essa respiração. ... Perceba-a da risca até a sola. Estou aqui!

> Inspire o silêncio, escute o silêncio, respire para o silêncio e deixe que o silenciar se tornar mais denso!

> Se você deixar soar carinhosamente no seu coração o nome de Jesus, então ELE estará presente na invocação do nome. Tente isso passo a passo – muito íntimo, confiante, carinhosamente, assim como é possível para você: "JESUS"!

> Depois repita o nome e sinta como o nome soa hoje e agora! Não fique a refletir insistentemente, mas acrescente corajosamente: "JESUS CRISTO"!

> Não pronuncie o nome arbitrariamente, mas sinta a outra força dentro de você que deixa falar esse nome: "JESUS CRISTO"!

> Todo exercício só tem um sentido, se você está disposto a servi-LO ainda mais e se tornar servo de Jesus Cristo: "SENHOR JESUS CRISTO"!

> Isso tudo é um caminho que está a sua frente. Se você quer fazer esse caminho, então fale o conteúdo todo da

oração de Jesus: "SENHOR JESUS CRISTO, tende piedade de mim"!

➢ Inspirando fale afetuosamente: "SENHOR JESUS CRISTO" e quando expirar fale: "tende piedade de mim"!

➢ Repita as palavras no ritmo da sua respiração por um tempo, depois silencie aos poucos as palavras da oração. Largue e escute atentamente o silêncio acolhendo-o.

➢ Depois deixe terminar o exercício, enquanto você se movimenta um pouco para cá e para lá – da direita para a esquerda, da esquerda para a direita. Também vire a cabeça um pouco para a direita e para a esquerda! Levante as mãos, estenda os dedos, depois feche o punho, para assim deixar entrar no corpo todo um pouco de tensão. Depois, sente-se muito tranquilamente e relaxado, tão cômodo quanto puder.

➢ Talvez esse exercício possa se tornar um exercício mundial, enquanto você depois rezar: "SENHOR JESUS CRISTO, TENDE PIEDADE DE TODOS!"

➢ Deixe fluir nessas palavras toda a tua compaixão, leve todo desastre e toda miséria desse mundo e dos seus habitantes para Jesus Cristo.

B) Continuação no dia a dia – pronunciar sobre as pessoas o nome de Jesus:

Esse exercício é apropriado para a execução da oração matutina no meio do dia a dia: O nome de Jesus revela o amor de Deus para os homens e é eficaz para gerar a vida nova, o ser verdadeiro, a mais íntima, a oculta, a última realidade dentro de cada um de nós.

Sobre todas as pessoas, que você encontrar hoje você deve pronunciar o nome de Jesus. Na rua, no trabalho ou quando você espera numa fila de pessoas. Aí você deve dirigir-se para eles, movimentando o nome de Jesus no seu coração e carregando-o nos seus lábios.

Em todos, especialmente naqueles que te irritam e que lhes são antipáticos, você deve venerar, adorar e servir Jesus. Em muitas mulheres e muitos homens Jesus fez habitação – na sua angústia e na sua maldade, no seu pecado e na sua miséria – liberta-os enquanto você reconhece e O venera.

Se você andar pelo mundo com esse olhar e pronunciar sobre cada homem o nome de Jesus, os outros diante de ti serão transformados e transfigurados. Você se tornará sempre mais capaz de se doar servindo as pessoas e para você a palavra do Evangelho se torna realidade: *"Bem-aventurados aqueles, que têm um coração puro, porque eles verão a Deus!"*

7. "Sejam amantes das suas almas e das suas coirmãs" – Ensaiar "uma cultura da alma"

Introdução

Recolho-me e me conscientizo: Na primeira semana da escola de oração abordamos – partindo da experiência da Santa Clara – a importância da alma e do seu relaciona-mento com a vida espiritual. Como me sinto quando me lembro desse impulso? Ele encontrou um eco dentro de mim? O quê e de que maneira alguma coisa continuou dentro de mim?

1. Santa Clara e a alma

No ensino espiritual de Santa Clara o tema "alma" tem um lugar importante. Na bênção para as irmãs presentes e futuras que ela deixou, ela enfatiza com insistência especial: *"Sempre vocês devem estar no amor a Deus, à sua própria alma e às almas das suas irmãs..."*. Os acontecimentos na sua morte falam favoravelmente que ela viveu uma vida interior profunda. Uma coirmã se tornou testemunha de como ela falava com sua alma e a animava: *"Vá segura, que você tem uma boa escolta para o caminho. Vá, diz, porque aquele que a criou também a santificou..."* (LSC 46,2-3). Essas palavras mostram que ela executa aqui uma coisa que exerceu uma vida inteira: a conversa com a sua alma.

2. O que é, pois, "a alma"?

> Nos escritos dos homens e mulheres, que encontraram Deus, é sempre mencionado uma capacidade misteriosa,

que acordou dentro deles e que os levou a um relacionamento com Deus. De acordo com o sentido eles nos falam: *Nem foram os meus sentidos físicos, que entraram em jogo, nem os meus sentimentos, nem a minha inteligência, mas um "sentido" dentro de mim, cuja existência eu, até então, não sabia.*

➤ Trabalhos psicológicos não mencionam aquilo, sobre o que nós falamos. Também os homens e as mulheres que fizeram essa experiência não sabem como devem chamar isso. Eles usam diversos termos: *"fundo original"*, *"ápice da alma"* (Santo Agostinho), *"ânimo"* (Tauler), *"espírito da alma"* (Teresa d'Ávila), *"centro da alma"* (São João da Cruz), *"a fina ponta da alma"* (Santa Joana Chantal). Eles precisam de um termo novo, se querem expressar essa nova experiência. Eles sabiam que esse sentido "espiritual" estava dentro deles, mas como amarrado, escondido e ressequido. Só o contato com Deus os levou a uma vida nova.

➤ *O que podemos falar teologicamente sobre a alma?* A alma é um centro de vida, que movimenta, surte efeito e forma o nosso corpo e a nossa história. Evidentemente existe um projeto da nossa vida na alma, que insiste em adquirir forma. A alma anseia para que a pessoa se torne aquilo, para o qual foi criada. Nós somos então uma alma-corpo-unidade, na qual os dois âmbitos referem-se um ao outro. A alma prepara o seu corpo e opera através do corpo no mundo.

A alma tem da sua parte, um núcleo, um centro ou uma profundidade, pela qual provem a sua atividade. Ali está obviamente "o lugar", onde o homem pode viver uma união íntima com Deus. Ele mesmo como origem do meu ser está presente. Uma palavra de Mechthild de

Magdeburg (1207-1282) fala assim: *"Deus fala com a alma: Senhora alma, a Senhora é tanto criada para dentro de mim, que não pode ter nada entre Eu e a Senhora."*

3. Vida espiritual precisa de uma "cultura da alma"

Na linguagem da bíblia a alma se chama também "coração". Através do pecado original o coração do homem foi estragado assim que os sentidos espirituais se tornaram intransponíveis e nós não podemos mais entrar em contato com Deus diretamente. Estamos direciona-dos para "fora" e o buscamos de tal maneira que se torna inútil e somente leva à decepção.

Nessa perspectiva da vida espiritual significa: ganhar de volta a vida da alma. Quando Santa Clara fala disso ela afirma, que o corpo precisa ser colocado *"abaixo da lei da alma"*. Somente quando você ama a sua alma, você pode encontrar Cristo dentro de você e admitir por completo a sua ação libertadora. Porque *"... só a alma fiel é sua mansão e sede."* (3 In 22)

È necessário o consentimento amoroso para essa determinação, para a qual nós fomos criados; carregá-Lo dentro de nós e dar à luz. Mas isto somente a própria alma nos pode dar em liberdade e no Espírito Santo.

Contra os programas da negação e repressão da alma no mundo de hoje, é preciso uma *"cultura da alma"*, que inclui várias áreas:

➢ O despertar da alma (*os acontecimentos de Deus comigo, que eu preciso interpretar como tais*)

➤ Vida a partir da alma *(Decisão contra a tendência, de querer ser forte e autônomo a partir do "meu Ego")*

➤ Conhecer a sua alma *(Inclinar-se para a interioridade)*

➤ Amar a sua alma *(Amar a simplicidade e a pobreza da sua alma)*

➤ Nutrir a sua alma (Alimento pode ser: Palavra de Deus e sacramento, natureza, música, poesia, escrever...)

➤ Escutar a sua alma *(Aprender a linguagem dos símbolos, perceber "toques" do mundo exterior, sonhos)*

➤ Confiar na tua alma (Confiar na tua intuição, ser guiado a uma obediência interior contra um racionalismo unilateral).

➤ Alegrar-se sobre sua alma *(Alegria através da experiência da habitação de Deus na sua alma).*

4. Exercício:

Como exercício nessa semana recomendo buscar a *"conversa com a minha alma"*. Isso pode acontecer enquanto eu:

A) Dirijo-me diretamente à minha alma na seguinte oração:

Ó alma, tu a mais bela das criaturas,
Como tu desejas
saber o lugar, onde se encontra o teu amado,

Para encontrá-lo
E estar unida com ele.
Tu mesma és o lugar onde ele está,
O esconderijo onde ele se esconde!
Alegre-se que teu tesouro
E tua esperança
Estão tão perto de ti
E moram dentro de ti
Tu não consegues ficar sem ele.
(São João dela Cruz)

B) Seguir a seguinte instrução:

> ➢ Sentar bem, perceber a respiração, deixar fluir...

> ➢ Perceber o corpo: Estou aqui!

> ➢ Conscientizo-me do olhar de Deus/Jesus e me deixo olhar...

> ➢ Deus/Jesus olha com amor para a minha alma...

> ➢ Tenho uma reação no meu corpo? ("Arder", "fina ponta da alma", "fundo da alma", "faísca da alma"), colocar eventualmente a mão nesse lugar.

> ➢ Olhar com Deus/Jesus para a minha alma, me conscientizar, com que anseio eles desejam de morar nela.

> ➢ Entro em contato com a minha alma com a ajuda de versículos de salmos:
> Sl 57,8: "Desperta, minha alma!"

Sl 84,3: "Minha alma suspira e desfalece pelos átrios de Jaweh; meu coração e minha carne exultam pelo Deus vivo."

Sl 86,4: "Alegra a vida do teu servo (tua serva), pois é a ti, Senhor, que eu me elevo!"

Sl 42,2: "Como a corça bramindo por águas correntes, assim minha alma está bramindo por ti, ó meu Deus! Minha alma tem sede de Deus, do Deus vivo; quando voltarei a ver a face de Deus?"

Sl 42,6: "Por que tu curvas, ó minha alma, gemendo dentro de mim? Espere em Deus, eu ainda o louvarei, a salvação da minha face e meu Deus!"

(Isso é uma escolha – pode- se decidir a partir da própria intuição).

➢ Repetir um versículo do salmo e assim aos poucos entrar num diálogo com a alma.

➢ Perceber e curtir profundamente o encontro.

➢ No final agradecer a Deus por essa graça; prosseguir tentando *"segurar o fio com a profundidade da alma"*.

8. A oração principal dos irmãos menores é o "Pai-nosso"

Introdução

O "Pai-nosso" é a oração primária da cristandade. Nós o rezemos muitas vezes e sentimos que nós precisamos sempre de novo "preenchê-lo" e aprofundar.
Quais pedidos estão hoje particularmente vivos dentro de mim?

1. O "Pai-nosso" nas origens franciscanas

Francisco recomendou com insistência a oração do "Pai-nosso" aos seus irmãos e a todos os fiéis (veja 2 Fi 21; 1 Cel 45). Talvez a sua predileção para essa oração se explicar pelo fato que ela forneceu a "palavra-chave" para o conflito com o seu pai. Na deserdação pública ele declarou ao Bispo e ao povo curioso que se juntou: *"Ouvi todos e compreendei. Até há pouco tempo, chamei a Pedro Bernardone de meu pai, mas, porque propus servir a Deus, restituo-lhe o dinheiro, pelo qual ele estava perturbado, e todas as vestes que obtive de seus bens, querendo agora dizer: Pai nosso, que estais nos céus, não pai Pedro Bernardone"*. (LTC 20)

Refletindo sobre as palavras de Jesus e unindo-as àquilo que ele escutava e experimentava, ele encontrou entendimentos profundos. Ao lado de palavras que ele usou e mostrou aos contemporâneos, ele chegou a formulações originais que foram enraizadas em experiências pessoais de Deus e em sua história pessoal. Enquanto Padres da Igreja (p. ex. Cypriano) escreveram comentários longos sobre ao "Pai-nosso",

Francisco fica na atmosfera e no estilo de oração, enquanto ele amplia a saudação no início e depois cada um dos sete pedidos.

Como interpretação, a sua explicação do "Pai-nosso" não é somente um texto de oração, mas em primeiro lugar, instrução e sermão.

2. Meditação do "Pai-nosso" de São Francisco

*Ó santíssimo **Pai nosso** (Mt 6,9):*
criador, redentor, consolador e salvador nosso.
***Que estais nos céus** (Mt 6,9):*
nos anjos e santos, iluminando-os para o conhecimento, porque vós, Senhor, sois luz cf. (1 Jo 1,5); abrasando-os para o amor, porque vós, Senhor, sois amor; habitando-os e os plenificando até à beatitude, porque vós, Senhor, sois o sumo e eterno bem, do qual procede todo o bem, sem o qual não há nenhum bem.
***Santificado seja o vosso nome** (Mt 6,9):*
brilhe em nós o conhecimento de vós para que conheçamos qual seja a largura dos vossos benefícios, o comprimento das vossas promessas, a sublimidade da vossa majestade e a profundidade (cf. Ef 3,18) dos vossos juízos.
***Venha o vosso reino** (Mt 6,10):*
para que reineis em nós pela graça e nos façais chegar ao vosso reino (cf. Lc 23,42), onde a visão de vós é manifesta, a dileção a vós é perfeita, a comunhão convosco é bem-aventurada e a fruição de vós é eterna.
***Seja feita a vossa vontade, assim na terra como no céu** (Mt 6,10):*
a fim de que vos amemos de todo o coração (cf. Dt 6,5), pensando sempre em vós, desejando-vos sempre com toda a alma, dirigindo para vós todas as nossas intenções com todo

o pensamento, buscando em tudo a vossa honra e, com todas as nossas forças (Lc 10,27), gastando todas as nossas energias e sentidos da alma e do corpo em submissão ao vosso amor; e para que amemos os nossos próximos como a nós mesmos, trazendo todos, segundo nossas forças, ao vosso amor, alegrando-nos pelos bens dos outros como pelos nossos, compadecendo-nos de seus males e não causando a ninguém qualquer mal (cf. 2Cor 6,3).

O pão nosso de cada dia:

vosso dileto Filho, Nosso Senhor Jesus Cristo,

dai-nos hoje *(Mt 6,11):*

em memória, inteligência e reverência do amor que ele teve para conosco e das coisas que nos disse, fez e sofreu.

E perdoai as nossas dívidas *(Mt 6,12):*

pela vossa inefável misericórdia, pela virtude da paixão de vosso dileto Filho e pelos méritos e intercessão da beatíssima Virgem e de todos os vossos eleitos.

Assim como nós perdoamos aos nossos devedores *(Mt 6,12):*

e o que não perdoamos plenamente, Senhor, fazei-nos perdoar plenamente, para que, por amor a vós, amemos verdadeiramente os inimigos e intercedamos devotamente por eles junto a vós, a ninguém retribuindo mal com mal (cf. 1 Ts 5,15), e que nos esforcemos para, em vós, sermos úteis em tudo.

E não nos deixeis cair em tentação *(Mt 6,13):*

oculta ou manifesta, repentina ou persistente.

Mas livrai-nos do mal *(Mt 6,13):*

passado, presente e futuro. Glória ao Pai e ao Filho e ao Espírito Santo, como era no princípio, agora e sempre e por todos os séculos dos séculos. Amém.

3. Interpretação

> Francisco começa a oração com "Ó santíssimo Pai" (1ª Estrofe). As duas palavras, colocadas antes do "Pai" são típicas para Francisco: O "Ó" invocativo se encontra também no grito de júbilo admirado na carta aos Fiéis. Enquanto "sant-íssimo" como atributo ao "Pai" surge muitas vezes no Ofício da paixão.
> Na saudação ampliada nós encontramos de novo indicações à grande veneração de São Francisco com a Santíssima Trindade: *"criador, redentor, consolador e salvador nosso"* significa Pai (= criador), Filho (= redentor) e Espírito Santo (= consolador).
> A menção dupla do Filho (redentor = Jesus Cristo como "Filho do Homem", "salvador" significa o Senhor que vai voltar) dá à fórmula trinitária uma coloração cristológica. Junto com a doxologia pequena no final da interpretação do "Pai-nosso" é composta a moldura trinitária.

> Na continuação da saudação: *"Que estais nos céus: nos anjos e nos santos"* (2ª Estrofe) se reflete a fé na comunidade inseparável entre a Igreja peregrina e glorificada. "Céu"- não é determinado como um lugar, mas visto nas pessoas": *Habitando-as"*. O coração de uma pessoa se torna um céu, desde que ela se abra para o chamado da santidade e ganhe a participação no próprio Deus.

> Por isso na 3ª Estrofe se fala de *nós*: Dentro de nós deve resplandecer o reconhecimento de Deus, deve dentro de nós brilhar a SUA soberania. Como Deus está nos santos, assim ele deveria estar mais e mais *dentro de nós*, até nós pudermos vê-Lo face a face. Céu e terra, santos

e pecadores estão ligados em união com ELE. Quando pedimos perdão da nossa culpa podemo-nos apoiar nos *"méritos e intercessão da beatíssima Virgem e de todos os vossos eleitos"*, como está escrito na 7ª Estrofe. Para Francisco *"a igreja peregrina dos pecadores está inseparavelmente ligada com a igreja perfeita dos santos. Essa visão crente e larga da igreja é provavelmente no final a razão que ele carrega e suporta todos os defeitos e fraquezas da igreja e que o deixa apoiá-la irreversivelmente."*
(L. Lehmann, "Tiefe und Weite", S. 170)

➢ Diferente das concepções predominantes eclesiais Francisco não interpreta o "reino de Deus" na 4ª estrofe politicamente; ele nem sequer se refere à igreja, mas entende entre isso uma grandeza sobrenatural: o relacionamento do homem com Deus. *"O reino de Deus é uma possibilidade, uma chance; através da graça ele está inicialmente dentro de nós, ele se revela como comunhão com Deus".* (L. Lehmann, "Tiefe und Weite", S. 169)

Já o comprimento da 5ª estrofe mostra que aqui é desenvolvido um tema central para Francisco, o tema da doação total a Deus, do amor radical e ilimitado. A estrofe nos oferece uma interpretação do mandamento principal de Jesus, que está ligado com o pedido do "Painosso" quando fala "Seja feita a tua vontade". Através disso Francisco nos deixa entender claramente: a vontade de Deus é o amor! A vontade de Deus acontece *no céu* quando nos O amamos: A vontade de Deus acontece *na terra*, quando nós nos amamos uns aos outros.

Para entender o amor a Deus e o amor ao próximo são mencionados exemplos concretos e atitudes, que estão determinados de radicalidade e universalidade. (Acumulam-se aqui as palavras "sempre", "totalmente", "todos", "em tudo", "nenhuma outra coisa", nenhum"!).

➤ O tema do amor ao próximo vai ser retomado mais uma vez na 8ª estrofe, onde é tratado o perdão pleno. Os três advérbios *"perdoar plenamente"*, *"amar verdadeiramente"*, *"interceder devotamente"* e o contraste *"ninguém – todos"* advertem para uma disponibilidade de perdão universal. Ninguém deve ser excluído do nosso amor, nem o inimigo. A ação de Deus continua no fazer do homem fiel. Que nós devemos amar uns aos outros não é uma exigência moral, mas uma resposta concreta ao amor que Deus tem conosco, que nos amou por primeiro e nos revelou o sentido do amor sem limites.

➤ Por isso o pedido do pão de cada dia da 6ª estrofe é interpretado de uma forma eucarística: o amor do Deus trinitário se doa a si mesmo todos os dias de novo no dom da eucaristia, que se entrega humildemente nas mãos da pessoa fiel. Na doação total do Filho encarnado se revelou esse amor ilimitado, que fica presente permanentemente na forma da eucaristia.

4. Exercício

Para exercício dessa semana recomendo a reflexão da meditação do "Pai-nosso" segundo o "passo tríplice franciscano" em trechos:

1º dia: Saudação *(com ruminátio = repetições e invocações próprias)*

2° dia: Estrofe 2+3
3° dia: Estrofe 4
4° dia: Estrofe 5
5° dia: Estrofe 6+7
6° dia: Estrofe 8
7° dia: Estrofe 9+10

(Os impulsos são extraídos do livro de Leonhard Lehmann OFMCap, Tiefe und Weite. O traço principal nas orações de Francisco de Assis (Franziskanische Forschungen Heft 29, Werl 1984).

9. O "Louvor do Alverne" como profissão à riqueza de Deus e à pobreza do homem como criatura

Introdução

Recolho-me e me dou conta, com atenção amorosa, às minhas experiências de oração. Olho na retrospectiva, os exercícios da "Escola franciscana de oração".
Onde meu querer e "fazer" chegaram ao limite? Sinto a pressão de que preciso "melhorar" através do meu desempenho? Ou percebi mais a minha pobreza na oração e comecei também a aceitá-la e acolhê-la interiormente?

1. Francisco e o seu amor da pobreza

Se nós falamos sobre a pobreza nós fazemos isso na maioria das vezes com um presságio negativo, mesmo quando nós nos referimos à pobreza opcional. Ela nos aparece no traje da renúncia. Com São Francisco e seus irmãos não foi assim; para eles a pobreza é riqueza.

Eles até acreditam, que ela caracteriza a situação original do homem e faz parte da existência paradisíaca. Para lá o homem deve voltar. Numa escrita, o "Sacrum Commercium" (Aliança Sagrada), a pobreza fala para Francisco: *"Há muito tempo, estive no paraíso de Deus (cf. Ap 2,7), onde o homem estava nu, aliás eu passeava no homem e com o homem nu por todo aquele belíssimo paraíso, nada temendo, de nada duvidando e de nada de adverso suspeitando. Eu pensava em estar com ele para sempre, porque o justo, o bom e o sábio foi criado pelo Altíssimo e colocado num lugar muito ameno e lindo. Eu me alegrava muito e brincava diante dele todo o tempo (cf. Pr*

8,30), porque, não tendo nada de propriedade, ele era todo de Deus" (Al 8,1-2).

Segundo estas palavras, pobreza é a dignidade do homem, a imediação com Deus: Nada está entre ele e Deus; menos que ele tenha, mas ele é de Deus. Pobreza é somente outra palavra para "ser criatura de Deus". "Pertencer a Deus".

Portanto a profissão à pobreza é uma profissão ao Deus criador, que cria tudo que é bom, belo e verdadeiro, que dá tudo o que é e o que vive. Pobreza quer então sondar em profundidade o pensamento da realidade de ser criatura: Tudo, o todo deve pertencer a Deus e pertencer ao homem somente em forma de presente, pelo qual se deve agradecer ao criador sempre e a qualquer hora.

2. Francisco na tensão da pobreza como criatura e da abundância divina

Para Francisco a oração era o lugar privilegiado de se encontrar com a sua própria pobreza existencial e nisso ser presenteado com a abundância deslumbrante da riqueza de Deus. O crescimento na imediação com Deus confrontava-o mais e mais com a realidade da própria alma, que por si só é "um nada", que meramente pode receber e doar vida, que não provém dela.

Ser paupérrimo não é o estado que corresponde mais à nossa alma humana e através da qual nós somos mais verdadeiramente seres criados? Ali adentro se pode derramar toda a riqueza de Deus e colocar Francisco em gozo.

Uma testemunha dessa experiência de oração existencial é também Santa Teresinha do Menino Jesus (1873-1897) que nos fala:

"Quando você é nada,
Você não deve esquecer,
Que Jesus é tudo.
Por isso você deve
mergulhar o seu pequeno nada
No SEU tudo
E deve somente ainda
Pensar nesse
Único tudo amável."

Ao lado da *"Oração da brasa"* os *"Louvores a Deus* Altíssimo *do Alverne"* são o testemunho franciscano para essas experiências de pobreza na oração.

3. Louvores a Deus altíssimo

"Vós sois santo, Senhor Deus único
Que fazeis maravilhas.
Vós sois forte,
Vós sois grande,
Vós, ó Pai santo,
O rei do céu e da terra.
Vós sois trino e uno,
Senhor Deus dos deuses,
Vós sois o bem, todo o bem, o sumo bem,
Senhor Deus vivo e verdadeiro.
Vós sois amor, caridade.
Vós sois sabedoria.
Vós sois humildade.
Vós sois paciência.
Vós sois beleza.
Vós sois segurança.
Vós sois quietude.

Vós sois regozijo,
Vós sois nossa esperança e alegria.
Vós sois justiça.
Vós sois temperança.
Vós sois toda nossa riqueza até a saciedade.
Vós sois beleza.
Vós sois mansidão.
Vós sois protetor.
Vós sois guarda e defensor nosso.
Vós sois fortaleza.
Vós sois refrigério.
Vós sois nossa esperança.
Vós sois nossa fé.
Vos sois nossa caridade.
Vós sois toda a nossa doçura.
Vós sois nossa vida eterna.
Grande a admirável Senhor,
Deus, onipotente, misericordioso Salvador".

4. Exercício

Nessa semana os "Louvores a Deus altíssimo" do Alverne são o objeto da nossa meditação. Somente com grande cuidado, depois de um silêncio comprido e profundo e depois de se escutar por dentro, esse texto deve ser meditado. Devagar, como se fossem gotas d'água caindo em intervalos maiores, deve-se moldar interiormente cada uma das invocações.

➢ Recolho-me na presença de Deus e entro numa grande quietude.

➢ Leio os louvores e repito devagar as invocações uma por uma.

➢ Deixo-me envolver por um grande silêncio que agrada a Deus.

10. A "Perfeita alegria"

Introdução

Percebo meu desejo interior de ter alegria profunda, verdadeira.

1. Francisco é impregnado de alegria pascal

Páscoa é o começo de uma alegria mais profunda no mundo. Perfurando a cruz desponta uma alegria totalmente nova no mundo, a saber: uma alegria perfeita. A alegria de páscoa é uma alegria que não se deixa destruir por problemas ou dificuldades, mas sim ela é profundamente uma alegria perfeita no meio das contrariedades.

Atravessando os muitos sofrimentos e fraquezas que importunaram São Francisco, explodia muitas vezes uma alegria exuberante. Assim ele pôde compor o Cântico do Sol ou dançando e tocando violino com dois paus de madeira. Ele também admoestava os irmãos sempre de novo, estar alegre a partir da fé. *"E cuidem para não se mostrar exteriormente tristes e sombriamente hipócritas; mas mostrem-se alegres no Senhor, sorridentes e convenientemente simpáticos."* (RnB 7,16)

Mas essa alegria perfeita não é uma alegria superficial, mas um ser alegre profundo e purificado, que atravessava muitos problemas e dúvidas. Por isso a narração da "Perfeita alegria" é um relato tipicamente franciscano.

2. A narração da perfeita alegria:

Vindo uma vez São Francisco de Perusa para Santa Maria dos Anjos com Frei Leão em tempo de inverno, e como o grandíssimo Frio fortemente o atormentasse, chamou Frei Leão, o qual ia mais à frente, e disse assim:

"Irmão Leão, ainda que o frade menor desse na terra inteira grande exemplo de santidade e de boa edificação escreve, todavia e nota diligentemente que nisso não está a Perfeita Alegria".
E andando um pouco mais, chama pela segunda vez:
"Ó irmão Leão, ainda que o frade menor desse vista aos cegos; curasse os paralíticos, expulsasse os demônios, fizesse os surdos ouvirem e andarem coxos, falarem mudos e, mais ainda, ressuscitasse mortos de quatro dias, escreve que nisso não está a Perfeita Alegria".
E andando um pouco, São Francisco gritou com força:
"Ó irmão Leão, se o frade menor soubesse todas as línguas e todas as ciências e todas as escrituras e se soubesse profetizar e revelar não só as coisas futuras, mas até mesmo os segredos das consciências e dos espíritos, escreve que não está nisso a perfeita alegria". Andando um pouco além, São Francisco chama ainda com força: "Ó irmão Leão, ovelhinha de Deus, ainda que o frade menos falasse com língua de anjo e soubesse o curso das estrelas e as virtudes das ervas; e lhe fossem revelados todos os tesouros da terra e conhecesse as virtudes dos pássaros e dos peixes e de todos os animais e dos homens e das árvores e das pedras e das raízes e das águas, escreve que não está nisso a perfeita alegria". E caminhando um pouco, São Francisco chamou em alta voz:
"Ó irmão Leão, ainda que o frade menor soubesse pregar tão bem que convertesse todos os infiéis à fé cristã, escreve que não está nisso a perfeita alegria".

E durando este modo de falar pelo espaço de duas milhas, Frei Leão, com grande admiração, perguntou-lhe e disse: "Pai, peço-te, da parte de Deus, que me digas onde está a perfeita alegria".

E São Francisco assim lhe respondeu: "Quando chegarmos a Santa Maria dos Anjos, inteiramente molhados pela chuva e transidos de frio, cheios de lama e aflitos de fome, e batermos à porta do convento, e se o porteiro chegar irritado e disser: "Quem são vocês"? e nós dissermos: "Somos dois dos vossos irmãos", e ele disser: "Não dizem a verdade; são dois vagabundos que andam enganando o mundo e roubando as esmolas dos pobres; fora daqui"; e não nos abrir e deixar-nos estar ao tempo, à neve e à chuva com frio e fome até à noite: então, se suportarmos tal injúria e tal crueldade, tantos maus-tratos, prazenteiramente, sem nos perturbarmos e sem murmurarmos contra ele e pensarmos humilde-mente e caritativamente que o porteiro verdadeiramente nos tinha reconhecido e que Deus o fez falar contra nós; ó irmão Leão, escreve que nisso está a Perfeita Alegria.

E se perseverarmos a bater, e ele sair furioso e como a importunos malandros nos expulsar com vilanias e bofetadas, dizendo: "Fora daqui, ladrõezinhos vis, vão para o hospital, porque aqui ninguém lhes dará comida nem cama"; se suportarmos isso pacientemente e com alegria e de bom coração, ó irmão Leão, escreve que nisso está a Perfeita Alegria.

E se ainda, constrangidos pela fome e pelo frio e pela noite, batermos mais e chamarmos e pedirmos pelo amor de Deus com muitas lágrimas que nos abre a porta e nos deixe entrar, e se ele mais escandalizado disser: "Vagabundos importunos, pagar-lhes-ei como merecem" e sair com um bastão nodoso e nos agarrar pelo capuz e nos atirar ao chão e nos arrastar pela neve e nos bater com o pau de nó em nó: se nós suportarmos todas estas coisas pacientemente e com alegria, pensando nos sofrimentos de Cristo bendito e igualmente suportar por seu amor; ó irmão Leão, escreve que aí e nisso está a Perfeita Alegria. (Fioretti, Capítulo 8)

3. Sugestões para o entendimento da história:

Essa história não é uma narrativa sobre um masoquismo não cristão, que quer aguentar sofrimento por sofrimento. O sentido da narração está na paciência e na alegria, que apesar do sofrimento e do desprezo está no coração de Francisco – sim – que surge justamente no sofrimento. Alegria verdadeira não se encontra por causa de sucesso pessoal ou profissional, no sucesso da comunidade ou da família, também não no sucesso da igreja, mas na ancoragem profunda em Jesus e no relacionamento íntimo com ELE. Somente ela impede excitação e dá paciência e serenidade no meio de insucesso e aflição.

A alegria perfeita consiste que posso descobrir que meu enraizamento em Cristo é tão profundo, que eu não estou mais dependente de sucessos ou insucessos, mas que posso profundamente me apoiar nos alicerces de Deus, nos dias bons e nos dias ruins. Eu sei que na escuridão estou carregado e amparado por Deus. Essa fé cresce na aflição e em grande paciência.

(Literatura para a "perfeita alegria": Lothar Hardick, A verdadeira e a perfeita alegria, Werl, 1981)

4. Exercício:

Primeiramente leia o texto inteiro e depois, durante a semana, parte por parte. Escolha nisso respectivamente em liberdade um número do texto e medite tal elemento da narração a partir da tua situação de vida pessoal.

> ➤ Já experimentei tal perfeita ou também imperfeita alegria no meio de insucesso e situações difíceis? Aonde e quando? O que posso levar disso para o caminho futuro?

> ➤ Que situação (situações) concreta (concretas) de vida essa narração coloca diante do meu olhar interior? Nisso se mostra um desejo de Deus escondido, ao qual eu quero me entregar com paciência?

> ➤ Proceda no "Passo tríplice da meditação franciscana" como na meditação da palavra de Deus (veja Oração 2 "Viver a partir da palavra de Deus" – pg. 8).

11. A oração da obediência

Introdução

Recolho-me e deixo surgir dentro de mim experiências de impotência que vivencio na minha vida: em relacionamentos, em equipes e grêmios, etc. Nisso não me deixo arrastar por uma disposição resignada, mas me relativizo colocando todas as experiências na mão de Deus. Reconheço sua "última" responsabilidade pela vida.

1. O horizonte histórico da oração

A oração constitui a conclusão da "Carta enviada a toda a Ordem" (Ord), que Francisco escreveu depois do seu retorno do oriente. Ele encontrou em fevereiro ou março 1220 o Papa Honório III em Viterbo e fez as preocupações do Papa as suas próprias, quando ele as repassou para os irmãos da sua Ordem, os superiores, os sacerdotes e para todos os irmãos.

Nas entrelinhas, sentem-se algumas decepções sobre a própria comunidade dos irmãos, quando, por exemplo, se fala de irmãos, que não observam a disciplina da regra ou de irmãos que estão vagabundando. Durante o tempo da sua longa ausência dentro da comunidade dos irmãos, que cresceu muito rápida, se espalharam umas tendências de dissolução e o ideal original estava em perigo. Uma luta turbulenta sobre uma regra adequada e sua interpretação estava em curso.

Nessa aflição ele reza junto com os irmãos por uma obediência a Jesus Cristo por amor.

2. O texto da oração

"Onipotente, eterno, justo e misericordioso Deus,
dai-nos a nós, míseros,
por causa de vós fazer
o que sabemos que quereis e
sempre querer o que vos agrada,
para que, – interiormente purificados, interiormente
iluminados e abrasados pelo fogo do Santo Espírito –
possamos seguir os passos de vosso dileto Filho,
nosso Senhor Jesus Cristo,
e, unicamente por vossa graça,
chegar a vós, ó Altíssimo,
que em Trindade perfeita e unidade simples
viveis e reinais e glorificado como Deus onipotente
por todos os séculos dos séculos. Amém. (Ord 50-52)

3. Sugestões para interpretação da oração:

Nessa oração Francisco deu uma versão resumida do caminho contemplativo.

1º passo: Olhar para Deus

Onipotente, eterno, justo e misericordioso Deus ...
Francisco se aproxima de Deus com uma saudação comprida, na qual ele atribui a Deus quatro atributos: Deus é o *onipotente:* tudo está no seu poder, sem ele nada podemos fazer, nós estamos somente na sua graça.
Deus é o *eterno:* ele é sem início e sem fim e abrange toda história.

Deus é o *justo*: Francisco sabe do juízo final que virá e por isso admoesta nas suas cartas sempre de novo, de viver assim, que a gente pode manter se diante do tribunal de Deus.

Mas Deus é também o misericordioso. Francisco não fica parado no juiz, mas ele também não vê Deus unilateralmente, colocando Deus somente julgando ou sendo mole.

2° passo: Se reconhecer diante do amor de Deus

... Dai-nos a nós, míseros ...

Agora o olhar de Francisco se direciona para o homem. Diante da grandeza, do poder e do amor de Deus Francisco percebe a sua miserabilidade, sua fragilidade, sua enfermidade e sua situação de pecador.

3° passo: Busca da vontade de Deus e resposta do amor

... Por causa de vós fazer o que sabemos que quereis e sempre querer o que vos agrada ...

O desejo, de se assimilar a vontade de Deus para Francisco é um tema central. Por isso ele enfatiza duas vezes o "querer". Em primeiro lugar devemos fazer aquilo que nós sabemos que Deus o quer. E em segundo lugar devemos também sempre querer, o que agrada a Deus, significa: nós devemos interiormente aceitar a vontade de Deus. A orientação total a Deus, como centro do querer e do agir, é a pretensão fundamental de São Francisco.

O quanto é importante para Francisco neste pedido, a intenção desinteressada, a pureza do coração mostra o acrescimento: *"por causa de vós"*. A pureza de coração é o estado original do homem antes do pecado original. Deus criou o homem claro e puro, autêntico e honesto. Obter a pureza de coração é, por isso, o retorno ao relacionamento com Deus original. O terrestre e a aparência não desalinham mais o olhar para Deus. O mundo se torna de novo transparente em relação a Deus. O desejo do celeste começa novamente a marcar o homem. O homem começa a buscar de novo a realidade de Deus.

4º passo: Seguir os passos de Jesus

... Para que, – interiormente purificados, interiormente iluminados e abrasados pelo fogo do Santo Espírito – possamos seguir os passos de vosso dileto Filho, Nosso Senhor Jesus Cristo...
Agora é descrito o caminho no qual podemos – totalmente levando em conta a vontade de Deus, conseguir encontrar Deus.
A vontade de Deus consiste em seguir os *passos* de seu amado filho. Como ele fez a vontade de Deus através da sua vida, seu sofrimento e seu falecimento; assim devemos também nós fazer a vontade de Deus, enquanto nós seguimos o seu filho. Colocando os passos, Francisco enumera os três caminhos clássicos até a união com Deus que Boaventura depois desenvolve nos seus escritos:

a) *O caminho da purificação,* que é feito através da *Meditatio*, a leitura meditativa. Aqui a consciência deve estar afiada, para que o homem possa viver permanentemente inclinando-se para Deus = Vida de penitência.

b) *O caminho da iluminação* que é feito através do exercício da *oração*. Quanto mais o nosso coração estiver puro quando nós olharmos Deus, mais seremos iluminados por Deus e preenchidos de virtudes.

c) O caminho da união ou transformação mística, ao qual nós podemos somente nos aproximar através da contemplação, mas que nunca podemos alcançá-lo através de nós mesmos. Se cada um está com o Filho a caminho para o Pai, então nesse movimento e nessa dinâmica o Espírito Santo está presente, o Espírito do amor entre o Filho e o Pai. Ele sempre é a brasa, na qual nós nos devemos acender e através da qual nós nos devemos sempre mais profundamente envolver com esse amor:

- na *purificação* permanente dos *nossos pensamentos e sentidos*
- no afastamento da obstinação adversa a Deus
- na inclinação para a luz de Deus e num desejo ardente de Deus, que é alimentado e desvelado

pelo Espírito Santo, nós seguimos as pegadas de Jesus. Assim Deus está no início e no fim da oração e é em Jesus Cristo o próprio caminho.

5º passo: Vida trinitária

... e, unicamente por vossa graça, chegar a vós, ó Altíssimo, que em Trindade perfeita e unidade simples viveis e reinais e sois glorificado como Deus onipotente por todos os séculos dos séculos. Amém.

No final Francisco vê mais uma vez como a ação e o querer do homem e o agir da graça de Deus estão juntos: O homem tem que querer e fazer o que agrada a Deus, no entanto é somente Deus, que salva pela graça e dá comunhão consigo.

Esse Deus excede todas as nossas ideias sobre espaço e tempo. Ele reina *por todos os séculos dos séculos.* No final alteza, grandeza, glória e eternidade aparecem de novo no centro da oração. Neles nós participamos quando nós aceitamos a graça doada, quando não sufocamos o fogo do Espírito, quando nós nos dirigimos para a luz e quando ficamos fielmente no traço da vida de Jesus. Participando da vida eucarística já agora fazemos parte da vida trinitária.

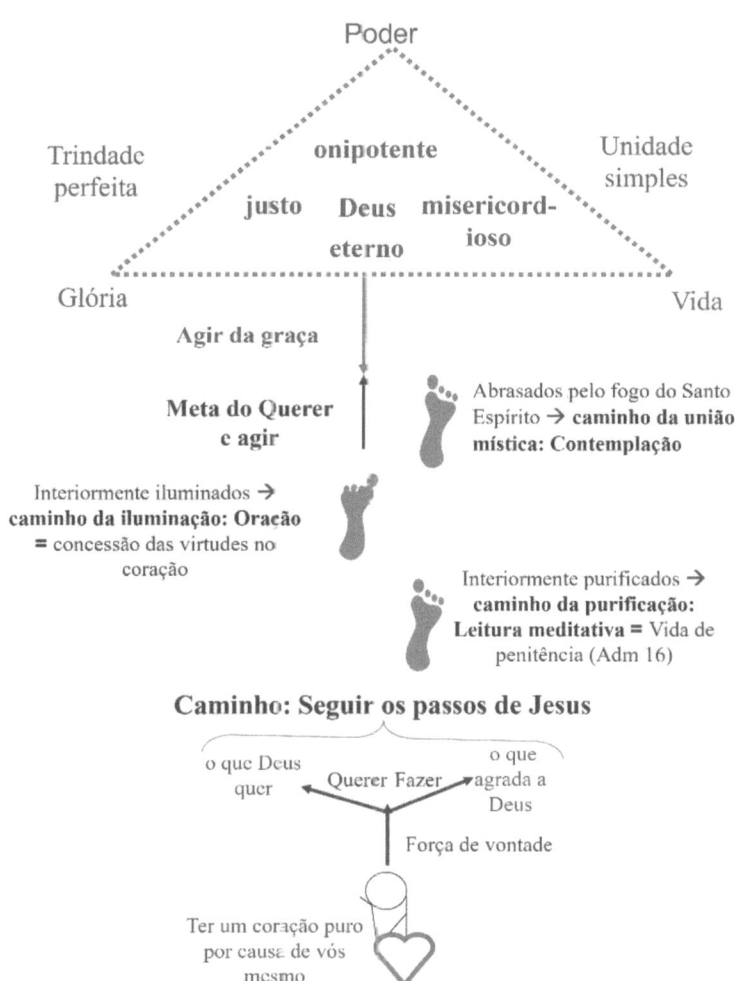

4. Exercício

> Percebo o meu estado de oração e me coloco na presença de Deus. Entro em contato com Francisco e junto com ele me coloco diante de Deus: "Ensina-me a rezar, tu, que me precedestes na vida do seguimento de Jesus."

> Rumino a oração da obediência no ritmo da respiração. Nisso admito, que podem surgir situações concretas da minha vida na minha consciência. Peço a disponibilidade de entrar junto com Francisco no movimento da oração referente as situações "vistas".

> Deixo meu pensar, querer, julgar e sentir e estou disposto, de me deixar transformar pelo Deus trinitário no sentido da oração, que nós podemos *unicamente por vossa graça, chegar a vós, ó Altíssimo.*

12. Seguir pacientemente ao Deus paciente

Introdução

Francisco chama a Deus sempre de novo: o *"Deus humilde e paciente".* A paciência de Deus com o homem é para ele uma das características mais inconcebíveis de Deus.
Com o respiro longo dos milênios, Deus ofereceu sempre de novo seu amor ao homem e com obstinação tenaz; o homem sempre de novo rejeitou o amor de Deus. "Vocês ainda não entenderam!" Somente muito raramente escapa esse suspiro de Jesus sobre seus apóstolos (Mt 15,16; 16,9).

Tanto mais podemos entendê-Lo como homem. E mesmo assim, Jesus continua depois explicando de novo, pacientemente, e se doa com paciência aos homens que o rejeitam sempre. A paciência de Deus para com os homens nós chamamos também: sua fidelidade.

No seguimento do Senhor paciente, nós também podemos crescer na paciência, sim, esse crescimento na paciência é fundamental. Francisco precisou aprender ter paciência consigo mesmo e com seus irmãos, através de muitas dificuldades. Assim ele nos dá ajudas para reconhecer em que ponto nós estamos com a paciência: *"O servo de Deus não pode saber quanta paciência e humildade tem em si, enquanto está satisfeito consigo mesmo. Mas, quando chegar o tempo em que, os que deveriam satisfazê-lo lhe fazem o contrário; quanta paciência e humildade tiverem nesse momento, tanta tem e não mais." (Ad 13)*

Exercício

> Aprofunde partes de frases singulares da admoestação 13 através da repetição (ruminatio) e tente que as frases consigam silenciosamente surtir efeito dentro de você.

> Aonde vai segundo o seu desejo e aonde não vai segundo o seu desejo?

> Em que áreas você, no momento, tem paciência, em quais delas você é impaciente?

> *"... deveriam satisfazê-lo ..."* significa, que alguém, a quem nós estamos em parte dependentes, deveria, segundo critérios objetivos, decidir assim ou assim, e eu também tenha essa opinião.

> Verifique, se a tua opinião nesses pontos está realmente imparcial, ou também está influenciada de maneira pessoal (ou mesmo egoísta)? Tente distinguir sutilmente tudo isso.

> Consigo ficar tranquilo e aceitar com paciência e humildade coisas que seriam melhores se fossem diferentes, ou perco então toda paciência, porque me sinto machucado, não respeitado, traído, esquecido?

> Depois de refletir sobre essas perguntas volte sempre de novo às frases de São Francisco e as considere mais uma vez no coração.

13. O caminho da purificação

Introdução

Leio a história embaixo *"Você sabe, o que é um coração puro?"* de Leclerc e pergunto: Como Francisco conduz Irmão Leão para ter uma mudança da sua direção de olhar?
Peço poder olhar a partir desse ponto de vista, o caminho da minha purificação.

Você sabe o que é um coração puro?

"Nossa irmã, a fonte", exclamou Francisco, quando ele chegou ao riacho, "sua claridade é um canto de louvor à inocência do Senhor."
Leão atravessou rapidamente o riacho, pulando de pedra em pedra. Francisco o seguiu um pouco mais devagar. Leão já estava na outra margem e o esperava. Ele olhava como a agua cristalina, acima da areia vermelha-dourada, correu rapidamente entre blocos de pedra cinzas. Quando Francisco o alcançou, ele ficou mais um pouco parado, pensativo. Aparentemente ele não conseguiu se separar desse espetáculo. Francisco olhava para ele. Leão olhava com uma aparência triste. "Parece-me que você está remoendo alguma coisa."
"Sim, se nos seria concedido um pouco dessa pureza, nós tivéssemos também essa alegria doida, transbor-dante da nossa irmã fonte e a força irresistível da sua água." Uma saudade abismal ressoava nas palavras de Leão. Ele fitava melancolicamente o riacho – uma imagem de pureza, que se recusou para sempre ao homem.
"Venha", falava Francisco e o puxou consigo. Os dois retomaram de novo o caminho. Eles ficaram um tempo em silêncio, depois Francisco perguntava: "Sabe irmão, o que é

um coração puro?" "Se a gente não tem nada para se acusar", respondeu Leão sem precisar refletir. "Então entendo, que você está triste, porque sempre temos alguma coisa para nos acusar." "Precisamente, e por isso eu desisti da esperança que é possível de ter um coração puro."

"Ah, Irmão Leão, não se preocupe demais sobre a pureza do coração! Olha para Deus! Admira-o! Alegre-se que ele existe, Ele, o totalmente Santo! Agradeça-O por causa DELE mesmo. Justamente isso, meu pequeno irmão, significa ter um coração puro. E quando você se dirigiu assim para Deus, acima de tudo nunca se dirige para si mesmo! Não se pergunta como você está com Deus! A tristeza sobre o fato que o homem não é perfeito e descobre o pecado em si mesmo, é ainda um sentimento humano, humano demais. Você precisa levantar o olhar mais alto, muito mais alto. Existe Deus, existe a infinidade de Deus e sua glória imutável. Um coração é puro, quando ele não deixa de adorar o Senhor vivo e verdadeiro. Ele participa profundamente da vida de Deus e é tão forte, que ele, mesmo em toda sua miséria, se deixa tocar pela inocência e alegria eterna de Deus.

Um tal coração é ao mesmo tempo vazio e repleto. Que existe Deus, é suficiente para ele. Essa certeza gera toda a sua paz e toda a sua alegria. E a santidade dum coração é então não mais do que Deus."

"Mas Deus exige, que nós nos esforcemos e fiquemos fiéis", contestou Irmão Leão.

"Certo, mas a santidade não consiste que a gente se realize a si mesmo, e não consiste na realização, que a gente se proporciona a si mesmo. Santidade é em primeiro lugar: o vazio que a gente encontra em si mesma, que a gente aceita e que Deus preenche na mesma medida em que a gente se abre para a sua plenitude."

"Olha, o nosso nada se torna, se o aceitamos, o espaço vazio, onde Deus pode ainda agir como criador. O Senhor não deixa *negar esse direito a ninguém. Ele é o Senhor, o incomparável, o único Santo. Mas ele pega na mão do pobre, o puxa fora da sua miséria e o senta ao lado dos príncipes do seu povo, para que ele olhe o esplendor de Deus. Deus se faz o céu sobre o seu coração."*

"Irmão Leão, a maior exigência daquele amor, que o Espírito do Senhor continuamente emana em nossos corações, significa: Se afundar contemplativamente no esplendor do Senhor; descobrir admiravelmente, que Deus é Deus, por toda eternidade e acima, além de tudo, do que nós somos e podemos ser; se alegrar de todo o coração, que ele existe; se encantar pela sua eterna juventude, agradecer por si mesmo e por causa da sua misericórdia, que nunca acaba. Isso significa ter um coração puro. Mas a gente não alcança essa pureza quando a gente se esgota e se mata de trabalhar." "Como então?" Perguntou Irmão Leão. "Não desistir de si mesmo. Não querer segurar nada. Também não mais analisar a própria miséria. Pôr os pontos nos is. Aceitar a própria pobreza. Alijar todo o peso, até mesmo o peso das nossas falhas. Somente ter em vista o esplendor do Senhor e se expor a sua radiação. Deus existe, isto basta. Então o coração se torna leve. Ele não sente mais a si mesmo, como a cotovia, que flutua muito feliz no azul do extenso céu. O coração se livrou de toda preocupação, de toda inquietação. O seu desejo de perfeição se transformou num "Sim" simples e puro para Deus."

Leão andava na frente de Francisco e escutou pensativo. Aos poucos o seu coração se tornou mais leve e surgiu uma grande paz dentro dele.

(Versão abreviada de " A gente não pode impedir o sol a brilhar" de: Eligius Leclerc, *Sabedoria de um pobre*. Um ano na vida de Francisco de Assis, Kevelaer ²2011)

1. Na oração acontece purificação

A nossa vida de oração é um processo de purificação vitalício. Com a decisão de participar da "Escola de oração franciscana" eu concordo, de entrar mais profundamente num caminho de purificação.

Os frutos desse caminho são o verdadeiro conhecimento de si mesmo, a paz interior e a alegria em Deus. Meio de auxílio nesse caminho é a leitura contemplativa.

2. O caminho de purificação segundo Boaventura

São Boaventura vê três perigos, como o homem pode perder Deus como centro interior da sua vida.

> ➤ A nossa *negligência:*
>   Deus não é mais o centro da nossa vida.
> ➤ Nossas *cobiças:*
>   Deus não é mais a meta do nosso desejo.
> ➤ O nosso *mal modo de pensar:*
>   Nós não queremos mais o bem.

2.1 Negligência

A "negligência" designa uma falta através de passividade, uma preguiça ou uma indiferença irrefletida, que a gente deixou entrar, especialmente na vida espiritual.

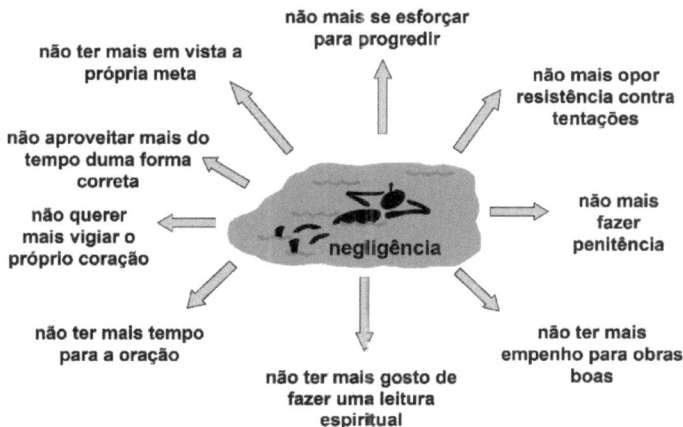

não mais se esforçar para progredir

não ter mais em vista a própria meta

não mais opor resistência contra tentações

não aproveitar mais do tempo duma forma correta

não querer mais vigiar o próprio coração

negligência

não mais fazer penitência

não ter mais tempo para a oração

não ter mais gosto de fazer uma leitura espiritual

não ter mais empenho para obras boas

A ela a gente precisa prestar atenção com todo cuidado para que o coração, bem cuidado, use o tempo de uma forma proveitosa e que a meta desejada seja pensada em primeiro lugar em cada ação.

Além disso ela pode impedir o nosso progresso espiritual, enquanto ela nos detém para resistir ao mal e de nos orientar sempre de novo em Deus.

Finalmente ela pode nos impedir, que a nossa vida traga bons frutos.

À negligência Boaventura opõe o vigor. Ele é no fundo uma força do espírito, que espanta toda negligência e capacita a alma, a realizar bem acordada, com confiança e com leveza todas as obras de Deus. Ele nos capacita de usar o nosso próprio tempo de vida de uma forma responsável e consciente.

2.2 As cobiças

A cobiça, os impulsos em si, não são maus. Eles implicam uma aspiração ativa de querer o bem, que em si é bom e necessário para viver. Significa aqui o querer demasiado, usando tudo paro o próprio prazer. Segundo Boaventura esse querer falso, exagerado o homem encontra em três formas:

a) Em forma do desejo do prazer dos sentidos - almejar coisas dóceis e agradáveis, comida gostosa, roupas agradáveis, prazeres da impudicícia

b) Em forma do desejo espiritual insaciável: querer saber coisas escondidas, deleitar-se com vistas bonitas, querer coisas caras.

c) Na vaidade

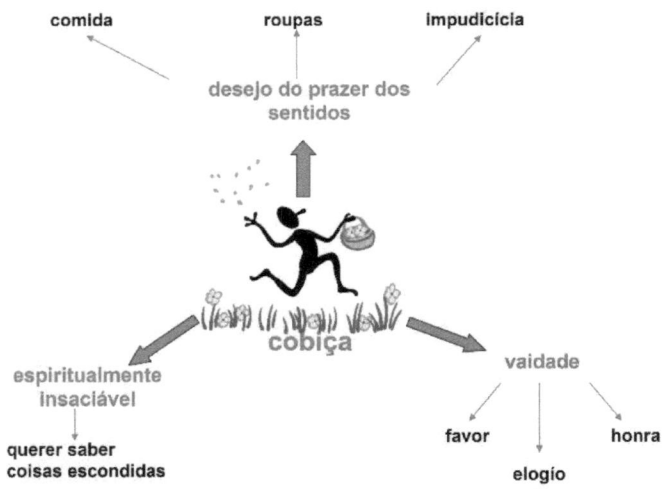

> *O desejo do prazer dos sentidos* estende-se uma vez ao *enchimento corporal* do meu vazio interior através de "alimentos" secundários: Comida ou satisfações compensatórias orais.
> Ao invés de utilizar o meu vazio ou falta de realização interior como estímulo para a busca de Deus, eu me embucho, para não precisar mais aquentar o meu vazio.

Em segundo lugar Boaventura menciona *a debilitação física-sensorial* e *a impudicícia*. Onde eu uso a minha força de amar, que é criado para um "TU", indevidamente, somente para ter prazer, eu caio fora da ordem de amar.

➢ O vício da cobiça abrange também a *vaidade*. O desejo procedente de ser alguém, de ter sucesso, de ser reconhecido, se perverte ao orgulho e à soberba, enquanto eu uso todas as minhas forças para almejar ao favor, ao elogio e a honra – custe o que custar.

➢ Na *atitude de ser insaciável espiritualmente* se trata, segundo Boaventura, ao lado da cobiça de querer coisas preciosas e belas, também duma curiosidade pura, duma fofoca enxerida sobre os outros; fuçar na sujeira dos outros, enquanto os próprios erros são projetados nos outros.

Ao pecado da *cobiça* Boaventura opõe a disciplina e o direcionamento sempre de novo, os quais são, por assim dizer, uma solidez do espírito, que amarra qualquer cobiça e capacita a alma de amar uma vida dura, pobre e desprezada.

2.3 A mentalidade maliciosa

Em relação ao terceiro pecado capital se entende de forma alguma uma "malícia" ingênua ou "inutilidade", mas uma coisa muito séria: a alegria sobre o mal. A mentalidade maliciosa Boaventura enxerga na ira, na inveja e na aversão contra o bem. Essas três atitudes tornam a alma má.

➢ A *inveja* não surge somente porque a gente mesmo não tem alguma coisa que o outro tem – então por causa da cobiça – mas ela tem a sua raiz no não poder permitir. Por isso a inveja traz consigo também a alegria maliciosa. A gente reconhece a inveja nisso, que ela fica totalmente doente diante da felicidade do outro, e se alegra sobre a desgraça dele. Como a inveja também não consegue ficar contente pelos dons do outro, que procedem do Espírito Santo, ele atribui o pecado da inveja aos pecados contra o Espírito Santo.

➢ A *ira* não significa simplesmente a ira, que pode ser também justa, mas uma paixão, na qual a gente sente uma certa alegria, de estar furioso com alguém e de se encontrar com alguém de uma forma hostil. Ela se exprime não só no modo de pensar, mas também numa expressão visível e na palavra dita. Ela pode se manifestar tanto na atitude interior como no discurso ou na ação. Na ira a intransigência é cimentada.

➢ Atrás da *aversão contra o bem* se esconde uma forma do querer malicioso. Uma tal pessoa não pode e não quer se alegrar mais sobre o bem, mas o abaixa em forma de injúrias cruéis. Ele também não consegue reconhecer com alegria no próximo os lados bons, mas o atribui sempre o mal através e suspeitas malévolas. Existe até mesmo o perigo, que ele também não consegue se alegrar sobre a perfeição de Deus ("pensamentos blasfema-tórios").

➢ Como remédio contra a mentalidade maliciosa Boaventura menciona a bondade e a alegria interior. Essas são uma "doçura da alma", que exclui qualquer mentalidade maliciosa e capacita a alma à benevolência, tolerância e alegria interior.

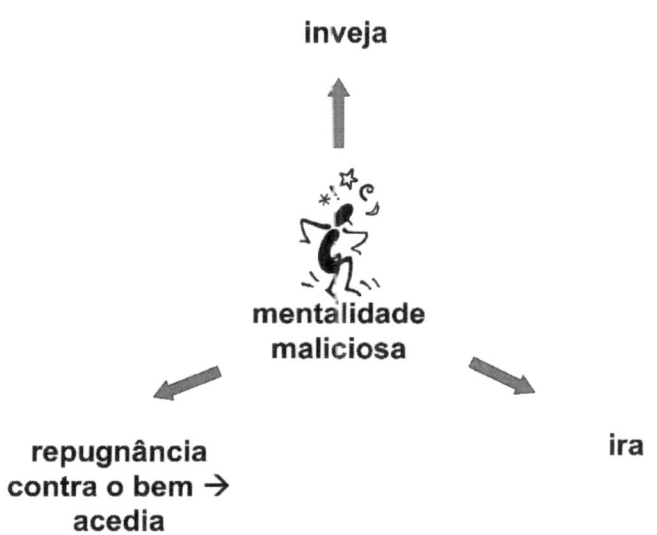

inveja

mentalidade maliciosa

**repugnância contra o bem →
acedia**

ira

3. Exercício

Essa semana estamos convidados de meditar os evangelhos do dia da 3ª. Semana de quaresma sobre o aspecto, como Jesus conduziu as pessoas à purificação, para que elas se tornam capazes de amar verdadeiramente. Olha as pessoas como elas se envolvem ou não, do que elas se deixam impedir de segui-lo. Olhe nesse "espelho", para te reconhecer mesmo nele. Jesus Cristo quer também levar você ao caminho da purificação. Referente aos passos singulares você pode se orientar nas sugestões da primeira semana de exercícios (Pg. 2-6).
No final da meditação segura numa oração onde você deseja purificação.

Exame de consciência

As seguintes perguntas podem servir como preparação para receber o sacramento da reconciliação:

➢ Que importância têm a leitura espiritual e o tempo de oração na minha vida? Onde eu cancelo primeiro, quando tenho pouco tempo?

➢ Quais influências exponho o meu coração, minha alma (imagens, textos, conversas ...)?

➢ Onde estão os meus pontos fracos, onde o tentador sempre de novo engancha? Como está a minha força de resistir contra essas tentações? Tenho uma "tentação predileta", à qual eu sempre de novo cedo?

➢ Conheço situações, nas quais meu intelecto perde o controle sobre a minha cobiça e os meus instintos assumem o controle sobre minha ação (Prazer de comer, prazer de comprar, prazer de jogar, prazer de assistir televisão, sexualidade ...)?

➢ Como lido com a curiosidade, quando não sei de tudo, que eu gostaria de saber? Sou capaz de respeitar nas outras pessoas o seu segredo?

➢ Que importância tem para mim pegar bem: com os responsáveis, com as pessoas que me admiram? O que eu estou disposto a arriscar para isso?

➢ Como sei lidar com fracasso, calúnia, injúria: Ainda assim consigo ainda ficar em pé diante de mim mesmo, ou isso me deixa sem eira nem beira?

- Sou grata para com a minha vida, minhas circunstâncias de vida ou em que ponto luto com inveja?

- Como as outras pessoas experimentam a minha raiva ou mau humor: através da mímica, da exaltação, do silêncio ofendido ou retirada?

- Existem pessoas com as quais estou zangada interiormente e as quais não quero perdoar? Existem experiências que eu sempre uso para justificar o meu comportamento?

- Me exercito ver o lado bom das pessoas ou sempre atribuo falsamente, em primeiro lugar, uma intenção má?

- Conheço o prazer escondido de falar mal de alguém

14. Luta espiritual e dificuldades na oração

Introdução

Recolho-me e me pergunto: Em que eu me entendi melhor e me senti encorajado de aceitar a luta espiritual como "normal"?
O texto seguinte pode me servir para um entendimento mais profundo.

1. A luta espiritual na vida de oração

Para ser capazes novamente de descer na nossa própria profundeza e encontrar lá Deus, é importante entrar na purificação. Quando na meditação e na oração eu olho para Cristo, então eu reconheço nele, como num espelho, a minha realidade. Percebo lentamente, onde o meu corpo ou o meu espírito estão a serviço do amor de Cristo ou se eles estão dirigidos por outras forças. Começa a luta entre o poder da graça e o poder do mal. O poder da graça quer erguer tudo que está escondido, atravessado, machucado à luz de Cristo, porque o poder do mal quer agir no oculto. Nessa luta espiritual se mostra, o que está escondido no coração do homem e o que é o próprio coração: o lugar de luta onde acontece o drama da história da salvação, a luta contra tudo que é o único necessário. Uma vez que essa luta acontece preferencialmente nas horas da oração e da meditação, ela implica dificuldades significativas na oração.

Se nós entramos por fora no silêncio, então nós nos conscientizamos, que dentro de nós não há silêncio. Dentro de nós tem muita fofoca. Aí têm muita briga e acusações, aí se justifica e tem cobrança, aí se indigna sobre injustiça e fracasso; aí se compara, humilha e glorifica.

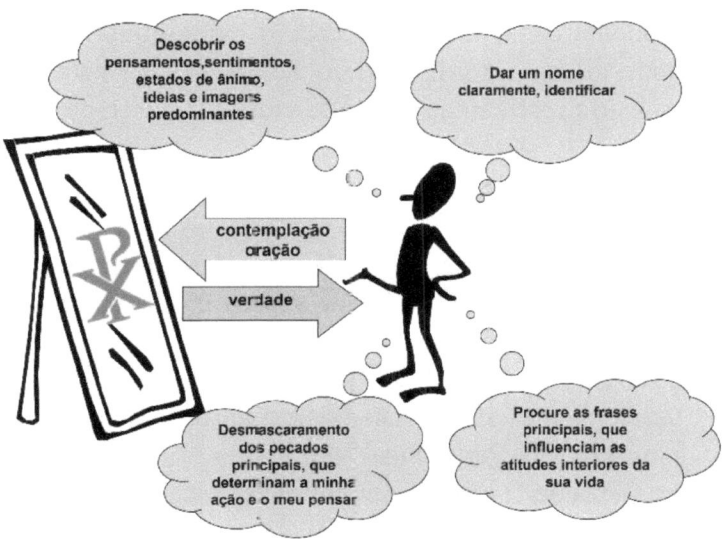

> Por isso os pais de deserto aconselham em primeiro lugar alguma vez: *de concentrar a atenção aos seus pensamentos.*
>
> Eles, por exemplo, não perguntam: *"Quais exercícios espirituais você está fazendo? Você consegue rezar bem? Você cumpre os seus horários de oração? Você recebe regularmente os sacramentos?"* Eles fazem perguntas totalmente diferentes: *"Como você se sentiu quando você encontrou hoje o seu inimigo figadal? Como foi para você quando hoje a sua caixa postal ficou vazia ou quando não chegou nenhum e-mail? Como você reagiu quando não cumprimentaram você? O que você sentiu quando a comida estava fria, quando chegou na mesa? Como você se sente quando alguém pode fazer*

*alguma coisa, que você mesmo gostaria de fazer? Ou:
Quais imagens são a sua tentação predileta?"*
Os pensamentos ou imagens desvendam o meu EU
verdadeiro, e muitas vezes é desagradável olhar
honestamente a minha vida. Trata-se de perceber onde
eu estou realmente na minha vida. É importante perder
as ilusões sobre a minha vida e de ganhar um olhar
realístico para ela.

➢ Em segundo lugar os pais do deserto aconselham
expressar claramente com nomes e identificar esses
pensamentos numa conversa espiritual ou numa
confissão. Dando a eles um nome posso me distanciar
também deles. O que não existe mais no escuro já perdeu
muito da sua força. Posso entregar a minha fraqueza na
fraqueza de Jesus que a inclui na transformação.

➢ Em terceiro lugar, os pais do deserto aconselham buscar
as frases principais, com as quais posso formular as
minhas atitudes interiores. Tais "frases de script" como
nós as chamamos hoje são, por exemplo, as seguintes: "
*Ninguém gosta de mim!", "Eu não sei nada!" "Todos
me esqueceram!", "Sou o maior!" "Sou muito bem-
visto!", "Isso nunca vou conseguir!"*.
Em tais frases se manifesta a minha atitude interior.
Porque o espírito se transforma naquilo com que ele se
preocupa, trata-se de escolher entre as diversas frases
principais aquelas com as quais ele deve se ocupar.
Segundo a noção dos antigos pais do deserto, essa
seleção dos pensamentos, que entram em nós, é uma das
tarefas principais da vida espiritual; ela é apoiada através
dos exercícios seguintes:

- Leitura espiritual frequente
- Cântico de salmos
- Vigília, jejum, oração

➢ E finalmente, é válido encontrar os seus *pecados principais*, que estão na origem das ações e pensamentos maus e travessos. Atrás de cada pensamento se escondem vícios e pecados principais, que se tornam eficazes de forma que eles provocam na pessoa certos estados de ânimo, sentimentos, ideias e atitudes defeituosas.

Mais importante do que o saber dos singulares impulsos (pecaminosos), sentimentos, estados de ânimo e atitudes defeituosas é o saber sobre suas causas, decursos e técnicas! *("Como acontece, que eu estou no momento assim?"... "Como aconteceu que eu agi assim e não duma forma diferente?").*

Por isso, pode ser útil perguntar qual é a causa de certos problemas, desejos, tendências e atitudes e defeitos: *"Como aconteceu esse pecado?"... "Porque me sinto no momento tão triste?"... "Porque o estudo/oração não me dão alegria?" ... "Como posso explicar o fato, que atualmente estou comprando tanta coisa?" ...*

2. Superando as dificuldades na oração cresce o amor

➢ Com *a distração na oração, que está ligada a tudo isso*, não devo me envolver durante o tempo de oração. Devo percebê-la e refletir sobre ela depois da oração.

➢ Mais uma dificuldade, que pode surgir na oração é a *secura espiritual*. Ela é um fenômeno que, ou aponta à uma purificação, que ainda tem que ser feita (algo está bloqueado ainda interiormente) ou um limiar na vida espiritual, no qual deve ser encontrado uma maior profundidade. Um discernimento é somente possível no acompan-hamento espiritual. Um perigo na secura espiritual consiste de qualquer forma nisso, de cair numa *avareza espiritual*. Porque não encontro mais na vida com Deus o consolo cobiçado – não tem mais gosto – fujo numa repleção de exercícios espiri-tuais, literatura, conselhos espirituais, eventos espirituais ... em vez de estar nu e pobre diante de Deus e aquentar essa pobreza.

O vício da *acedia ou negligência,* que os pais do deserto descrevem como o mais perigoso e penoso duma pessoa orientada espiritualmente, sempre de novo vai nos alcançar. Evagrius Ponticus descreveu bem esse vício como o demônio do meio-dia. Ele causa, que o sol não se movimente e que o dia tenha mais que 50 horas. Ele deixa a pessoa constantemente olhar pela janela para ver se finalmente não vem alguém, que pode nos salvar da sua atividade tediosa. Ele vacina a pessoa com uma aversão contra o lugar e o modo de viver. Ele causa que nós nos irritemos com os irmãos/as irmãs/ o cônjuge e somos convictos, que ninguém nos consola. Ele desperta em nós o desejo de lugares e pessoas, onde nós nos sentimos melhores. Ele finge, que Deus pode ser adorado em qualquer lugar e que não precisava a todo o custo ser aqui. Ele desperta a lembrança dos parentes e na vida anterior.

Segundo Boaventura a acedia causa, que a pessoa tenta evitar todos esforços, de colaborar na própria salvação. Ela tenta fazer o caminho mais fácil. Nisso a resistência interior pode também trabalhar contra a vida espiritual: contra o horário de oração, a leitura espiritual. Na verdade, eu já seria bom, mas justamente agora não quero, tem coisas mais importantes. Segundo ele, a acedia se mostra na negligência. Ela pode ser o coveiro de toda boa partida.

Pode ser também, que aparece um certo tédio *("O que está escrito já conheço!"),* que pode ser também acasalada com cansaço. Mal estou sentado no meu lugar de oração, os olhos já começam a se fechar. Aqui se trata de discernir se é cansaço de verdade ou uma tentação.
Pode até ser, que apareça em mim uma certa aversão, que se recusa de querer se entregar mais profundamente à Deus.
As armas comprovadas contra os pecados principais também valem aqui: humor, sinceridade, paciência e acompanhamento espiritual.

4. Exercício

> Essa semana continuo fielmente na contemplação da palavra de Deus do dia, são os textos da segunda semana de quaresma ou os textos atuais da liturgia diária da Igreja Católica. Seguro-me nas orientações dadas nos exercícios da primeira semana (Cap. 2: Viver a partir da palavra de Deus – Acolher o SEU olhar na palavra viva, Pg. 7ff).

> Percebo as minhas dificuldades na oração, "meu lugar de luta", sem me envolver ou sem ficar desanimado. Quando a luta se torna importuna, posso meditar a palavra da Carta aos Romanos: *"... o Espírito vem em auxílio da nossa fraqueza ... o próprio Espírito intercede por nós com gemidos inefáveis."* (Rm 8,26) e a medita no ritmo da respiração – ou busco refúgio na oração do nome de Jesus.

15. "Tudo, que te impede, de buscar Deus, o Senhor, tudo deves ter como graça"

Introdução:

Obviamente numa aflição interior muito grande, um superior, um ministro da ordem dos franciscanos, dirigiu-se entre 1218 e 1221 a Francisco, para receber dele ajuda e direcionamento. Francisco escreveu para ele uma carta extraordinária onde procura ajudar o irmão no seu tormento, e consegue também revelar discretamente os motivos mais profundos do seu agir. Francisco escreveu essa "Carta a um ministro" (Mn) sabendo da sua própria luta, escrita proveniente de sua própria aflição suportada e, encontrado assim uma paz interior profunda, retrata traços principais da vida com Deus e com os irmãos e as irmãs. Assim a carta se tronou um documento fascinante dum santo, que encontrou no meio das suas lutas a serenidade em Deus.

Queremos contemplar algumas frases e pensamentos dessa carta. É bom ponderar no coração sobre algumas partes dessas frases e refletir até que a sua verdade profunda se manifeste dentro de nós.

1. *"A respeito do estado de tua alma, digo-te, de maneira como posso: aquelas coisas que te impedem de amar o Senhor Deus, bem como aqueles que te opuserem obstáculo, irmãos ou outros, tudo deves ter como graça, até mesmo se te açoitarem. E queiras que seja desta maneira e não de outro."*

A gente só pode engolir seco três vezes, quando está lendo essas frases. Elas não são uma exigência excessiva total? Mas, Francisco escreve a partir da sua própria experiência. Ele escreve, o que ele mesmo vivenciou. Justamente os obstáculos e dificuldades o levaram mais adiante. Não os irmãos mais agradáveis, mas os mais difíceis o levaram mais perto de si mesmo e de Deus. Isso é uma experiência de vida.

Tudo que me acontece na vida é no fim uma graça de Deus e é um encontro com Deus. Também e justamente os obstáculos me deixam crescer. Assim posso crescer na serenidade interior, na confiança em Deus.

2. *"E ama aqueles que te fazem estas coisas. Não queiras da parte deles outra coisa, a não ser o quanto o Senhor te conceder. E ama-os em tudo isto; e não queiras que sejam cristãos melhores. Considera isto mais que um eremitério."*

Meu querer vai nessa ou na outra direção. Ora quero isso, ora o contrário disso. Aquilo, que por muito tempo não consegui me imaginar viver sem, agora, depois um tempo, eu abandono sem pestanejar. Sou inconstante e oscilante. Se eu fixasse meu querer totalmente na vontade de Deus, conseguiria um fundamento firma para a minha vida. Então poderia até mesmo acolher inteiramente os irmãos e irmãs, com os quais eu trabalho e convivo, com a sua maneira de ser. Até mesmo os meus desejos hipócritas com os outros, *"quero somente o melhor para eles"*, *"quero somente ajudar a se tornar melhores cristãos"* – poderia então deixar para trás. Mas isso é muito difícil de entender, por isso alguns manuscritos da carta deixam fora a palavra "não" na penúltima frase. Isso realmente ressoa mais usual: "... e queiras que sejam cristãos melhores." Além disso existe essa situação conflituosa desagradável *mais que um eremitério"*, da qual o Ministro atormentado e o próprio

Francisco querem, de bom grado, se retirar para sempre (hoje muitas pessoas chamam isso "uma ilha"). Somente quem confia totalmente em Deus, consegue se tornar tão sereno e tranquilo.

3. *"E nisto quero reconhecer se tu amas o Senhor e a mim, servo dele e teu, se fizeres isto: não haja no mundo irmão que pecar, o quanto puder pecar, que, após ter visto teus olhos, nunca se afaste sem a tua misericórdia, pergunta-lhe se quer obter misericórdia".*

O amor a Deus se mostra nisso, se eu estou misericordioso com os meus irmãos e irmãs. Claro, eu falo, que é assim. Mas na realidade isso é tão incrivelmente difícil. Os meus olhos olham de fato, misericordiosamente para os outros? Ou somente de cima para baixo? O meu olhar é um lugar da misericórdia para os outros ou é um tribunal sobre os outros? Um lugar do encontro com o perdão de Deus? As pessoas experimentam na profundeza do meu olhar o olhar de Deus?

4. *"Se não buscar misericórdia, pergunta-lhe se quer (obter) misericórdia. E se depois ele pecar mil vezes diante de teus olhos, ama-o mais do que a mim para trazê-lo ao Senhor; e tenhas sempre misericórdia desses irmãos."*

Correr atrás das pessoas para perguntar, se eles não querem também misericórdia: Isso é a atitude de Jesus, o bom pastor, que vai especialmente atrás das ovelhas perdidas. Mas a nossa atitude muitas vezes é assim: "Quem não quer, já tem." Na atitude de Jesus Francisco, manda também uma vez o irmão atrás de ladrões, que o mesmo rejeitou bruscamente, quando eles chegaram pedindo na comunidade dos irmãos. Ele deveria se desculpar com eles. Mas os ladrões, por causa da desculpa desse irmão, largam os seus crimes e aceitam o perdão misericordioso de Deus. (Veja Fioretti, Cap. 26). Misericórdia atrai as pessoas mais ao Senhor do que muitas palavras sábias.

5. *"E todos os irmãos que souberem que ele (o irmão) pecou (mortalmente) não lhe causem vergonha nem detração, mas tenham para com ele grande misericórdia e mantenham muito oculto o pecado de seu irmão; pois não são os que têm saúde que necessitam de médico, mas os doentes (Mt 9,12)."*

Como nós gostamos de falar para os outros sobre os defeitos dos outros! Isso fortalece a nossa autoestima. A imprensa sensacionalista vive verdadeiramente dos defeitos das pessoas, que ela espalha prazerosamente. Uma meditação negativa, que nos pode impedir desse mau hábito é a reflexão sobre a frase do fariseu no templo: *"Eu te agradeço, Deus, que eu não sou como os outros, como esse cobrador de impostos."* No oculto pensamos muitas vezes essa frase. Podemos usá-la também às vezes (para nós mesmos), para que nós fiquemos verdadeiramente constrangidas. Que nome de alguma pessoa você quer colocar no lugar "desse cobrador de imposto"? "Agradeço a Deus, que eu não sou assim ...como essa irmã aqui ..., essa colega aqui ..." Nós doentes precisamos do médico da misericórdia. E ele já está aí – procurando por nós ...

6. *"E estes (os sacerdotes) não tenham absoluta-mente poder de impor (na confissão) outra penitência, a não ser esta: Vai e não peques mais." (Veja Jo 8,11)*

Francisco confunde a entidade penitencial medieval com as suas indulgências dispendiosas (Veja a indulgência de Porciúncula). A única penitência para o pecado consiste em não querer pecar mais. A misericórdia de Deus é gratuita, doada! Arrependimento e boa vontade são suficientes. O que é mau, naturalmente é e fica mau. Mas quem se arrepende e confessa pode experimentar a infinita misericórdia de Deus. O padre dá na confissão aquilo para os outros, que o excede: Perdão sem limites. P. Leonhard Lehmann OFMCap chama isso *"um ensinamento da misericórdia que vai ao extremo"*. Deus é extremo.

Eu deixo-me seduzir do amor extremo de Deus?

16. Viver da reconciliação

Introdução

O dom do Ressuscitado aos seus apóstolos que o abandonaram e traíram, é o perdão. Ele não leva em conta o seu fracasso e a sua fraqueza, pelo contrário, ele concede a eles a paz. A partir da reconciliação recebida, ele os envia a transmitir: *"A paz esteja com vocês. Assim como o pai me enviou, eu também envio vocês." (Jo 20,21).* Ele sopra sobre eles, lhes dá o Espírito Santo e o poder, de perdoar pecados. Assim o Ressuscitado continua vivendo no meio deles.

Existem na minha vida experiências, onde eu pude receber a reconciliação como presente puro de Deus e onde me senti impelido a doar esse amor que perdoa para os outros?

1. Francisco se torna um instrumento de unidade e da paz de Cristo

O carisma de São Francisco, o dom da graça mais íntimo da sua vocação, surgiu no encontro com o leproso e com o Crucificado. Nisso o seu coração se inflamou para o ensinamento de Jesus: *"Amai-vos uns aos outros como eu vos amei!"* – Isso significa o amor fraterno até o amor ao inimigo. Por causa da experiência do amor de Deus, que ultrapassa qualquer limite, ele entendeu a sua missão, de ser instrumento de unidade e de reconciliação entre os homens.

2. Como Francisco conduziu seus irmãos à reconciliação segundo o Evangelho

Na 9ª admoestação Francisco olha Cristo na cruz e conduz assim no centro a reconciliação cristã:

Diz o Senhor: Amai vossos inimigos, fazei o bem àqueles que vos odeiam, e orai por aqueles que vos perseguem e caluniam. (Mt 5,44). Ama verdadeiramente ao seu inimigo quem não se lamenta por causa da injúria que este lhe faz, mas, por amor de Deus, se consome por causa do pecado de sua própria alma. E mostra-lhe por obras o amor."

A 9ª admoestação não é o único lugar nos escritos de São Francisco, onde ele se dedica ao amor do inimigo. Obviamente isso foi para ele uma preocupação tão grande, que têm muitas advertências e explicações sobre isso. Nisso certamente podemos ver um sinal, que para o Santo esse ponto foi visto como essencial para uma vida segundo o Evangelho.

Precisamos ter presente, que a meta do amor cristão é o amor ao inimigo. No amor ao inimigo está uma força, que pode mudar o mundo. Mas essa força é ainda um potencial não despertado na maioria dos cristãos e religiosos/as. Nós vamos somente ser fecundos no serviço do crescimento do Reino de Deus, que pressupõe essencialmente reconciliação e unidade, se nós estamos dispostos e também capazes ao amor do inimigo. Inimizade podemos descobrir em relação a Deus (lá, onde ELE é uma impertinência para nós!), em relação a uma pessoa ou um grupo de pessoas, mas também em relação a si próprio (que eu p.ex. rejeito e excluo partes da minha própria pessoa).

Francisco conhece essas dimensões, quando ele formula na Regra não Bulada: *"E todos os irmãos, onde quer que estiverem, se recordem de que se doaram e entregaram seus*

corpos ao Senhor Jesus Cristo. E por amor dele devem expor-
se aos inimigos, tanto aos visíveis quanto aos invisíveis." (RnB
16,10-11ª)

Ele admoesta a todos, que se sabem chamados a seguir Jesus
nas suas pegadas, quanto a atitude em relação ao "inimigo":
"E mostra-lhe por obras o amor."

3. A oração para o inimigo provoca o processo da reconciliação

Também a oração não deve ser restringida somente para
aqueles que são simpáticos para nós, que nos fazem o bem, aos
quais nós nos sentimos comprometidos. Ela deve
generosamente e magnanimamente também abranger aqueles,
que nos causam danos e dizem coisas más. Fazer isso
concretamente libera um processo de reconciliação, para mim
e para o assim chamado "inimigo".

O caminho da reconciliação é longo e exige vários passos:

> ➢ Oração para conseguir a conversão e a reconciliação para
> mim e uma pessoa, com a qual o relacionamento está
> difícil.

> ➢ Reconhecimento dos sentimentos negativos, das
> lembranças dolorosas, das imagens ruins e das palavras
> que machucaram que ficaram gravadas e as quais não
> podem ser esquecidas.

> ➢ Disponibilidade de admitir sentimentos negativos como
> decepção, ofensa, ciúme, raiva, sobretudo as dores
> profundas, que estão ligadas a eles, para poder-lhes
> liberar aos poucos, enquanto eu os ofereço a Jesus e os

concedo a ELE, coloco minha dor na dor de Jesus, no seu sofrimento salvador.

➢ Disponibilidade para uma conversa franca, que deve servir à reconciliação. Isso exige a renúncia de revanche e vingança. Deus deve estar nisso como ponte "entre nós".

➢ Prontidão para a reconciliação (em relação a mim e ao outro) a partir da consciência, que Jesus Cristo trouxe a reconciliação através do seu sofrimento salvador. Ela não existe por causa do "meu empenho", mas é um presente, ao qual quero me abrir, para que ele aja dentro de mim. Cristo fala a palavra libertadora: "Pai, perdoa-lhes, porque eles não sabem o que estão fazendo". (Lc 23,34).

4. Dor faz parte do amor

Somente durante o processo da reconciliação a dor da injustiça sofrida ou cometida surge claramente. Para que reconciliação dá resultado é crucial, como é encontrado um caminho para atravessar a dor.

Como ajuda para lidar com dor pode servir o texto seguinte de P. Willi Lambert SJ:

Dor, que cura as dores

"Quantas coisas são oferecidas para curar dores: Comprimidos, radioterapias, sono de cura, acupuntura, massagens, terapias, drogas, chá de ervas, treinamento

endógeno e mais 100 remédios e remedinhos: todos doados,
oferecidos, vendidos, para curar dor.
E aqui vai ser oferecido mais uma coisa: dor. A própria dor.
A dor como analgésico, dor que cura.
Quais dores essa dor deveria sobretudo curar? Em primeiro
lugar as dores mentais-espirituais. Tudo, o que deixa a alma
adoecer: Inveja, raiva, ódio, amargura, falta de autoestima,
estar ofendido, vício, dilaceração, medos, etc...
E como funciona essa "terapia de dor"?
Ora, ela pressupõe, que ciúme, sede de vingança, etc. não são
as sensações mais originais, mas que são no fundo uma
primeira ou segunda reação em cima de reações; de
ferimentos reais ou temidos. No fundo são então sentimentos
de fuga, de substituição, "sentimentos de prótese".
O passo essencial da "terapia de dor" é deixar surgir o
sentimento original da dor. Então assim: Se alguém corta a
tua palavra, isso doe! Você poderia deixar doer, em vez de
gritar com o outro.
Se alguma coisa não vai segundo os teus desejos, então isso
doe! Você poderia deixar doer em vez de ficar com raiva ou
de resignar.
Se, se, se ..., 1000 situações, - no final fica sempre a pergunta
para si mesmo: Eu não poderia deixar doer isso um pouco
agora? Melhor que ...
Se, em seguida, em muitas situações concretas deixa acontecer
muitas e muitas vezes assim, então vai sentir um efeito de cura.
E sim, é disso que se trata. A terapia de dor é uma terapia
bíblica. Ali promete que ela tem força curativa. Em todo caso
Jesus vê isso assim. Os que choram vão rir! Bem-aventurados
os que sabem sofrer a dor, porque neles vai surgir a alegria.
Existe uma promessa para aqueles, que carregam a dor de
uma maneira certa. As chagas vão ser transfiguradas, como
aconteceu com Jesus. Elas têm força curativa, como Jesus: O
profeta Isaías escreve sobre o Justo: "E por suas feridas é que

nos veio a cura." (Is 53,5). Na admissão da própria dor nós podemos alcançar uma conexão com essa dor que cura.

Têm pessoas, que experimentam essa força que cura. Pessoas que sentem, que não existe somente surgir uma dor e depois a alegria nas suas vidas, mas que existe uma simultaneidade: No meio da dor, mais profundamente ainda, cresce paz, alegria, força, esperança.

Uma tal dor não é um ato de reposição, nem um substituto para a ação. Tal dor provoca "somente" que nós podemos reagir mais a partir duma paz no coração – ou se for assim, experimentam a força do sofrimento. Dor, que cura dores, - isso existe!

5. Exercício

Como exercício recomendo essa semana a oração para aqueles que são meus "inimigos" e/ou para as quais eu sou "inimigo". Nisso eu utilizo "o passo tríplice da contemplação franciscana". (Oração Cap. 2, Pg. 8).

> ➢ Recolho-me, também fisicamente, depois acolho o olhar de Jesus. Deixo-me envolver pelo relaciona-mento com ele.

> ➢ Quando meu relacionamento com ELE esta bem consolidado, coloco o "inimigo" diante de meu olhar interior e peço a Jesus, que ELE olhe comigo para ele. Tento olhar essa pessoa com o olhar de Jesus. Gradualmente, sentindo o que ELE sente, entro na maneira DELE de ver as coisas, nos SEUS sentimentos e pensamentos. Nisso fico atento para os meus próprios sentimentos em relação a essa pessoa e os coloco diante

de Jesus. Estou disposto a suportar essa dor junto com Jesus.

> Permaneço no pedido da transformação dos sentimentos e da misericórdia para mim e para o meu "inimigo". Entrego-me à conduta de Deus com grande confiança e renuncio qualquer "querer fazer".

> Repito o exercício no dia seguinte ou com a mesma pessoa ou com mais uma pessoa. É importante prestar atenção à conduta interior e à dor que se quer mostrar e não desviar dele.

17. Meditação da Paixão de Francisco e Clara

Introdução

Recolho-me interiormente em silêncio e deixo surgir experiências, onde experimentei uma transformação através de sofrimento próprio ou dos outros. Permanece na lembrança, como encontrei o caminho do meu sofrimento até o sofrimento de Jesus.

1. O amor ardente de Santa Clara pelo Crucificado

Santa Inês de Praga comunica a Clara o sofrimento concreto e a aflição. Clara de Assis lhe responde, na quarta carta, da seguinte maneira:

"... E, no fim desse mesmo espelho, contemple a caridade inefável com que quis padecer no lenho da cruz e nela morrer a morte mais vergonhosa.
Assim, posto no lenho da cruz, o próprio espelho advertia quem passava para o que deviam considerar: Ó vós todos que passais pelo caminho, olhai e vede se há outra dor igual à minha ((Lm1,12). Respondamos a uma voz, num só espirito, ao que clama e grita: Vou me lembrar para sempre, e minha alma vai desfalecer em mim (Lm 3,20)" (4 In 23-26)

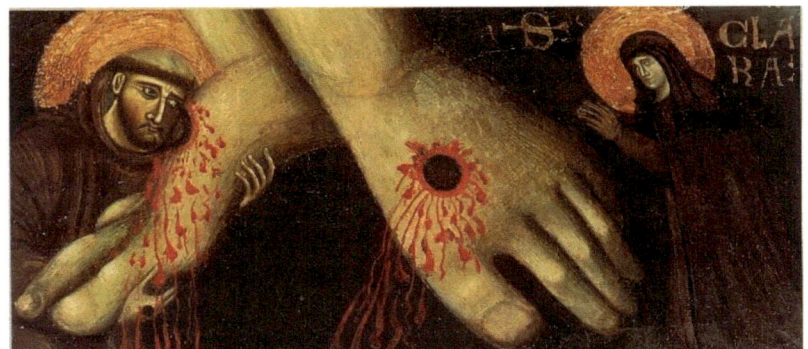

Parte do ícone da cruz do altar de Santa Chiara, Assis

Santa Clara anima então Inês de Praga, na meditação do Crucificado, sentir junto com ELE as dores que ELE sofreu; sentir como ele estava à mercê dos outros; seu abandono; sofrer junto sua dor; sentir seu amor enorme, que se expressa no seu sofrimento. Com todos os sentidos, com todo o coração e todo ânimo ela participa do sofrimento de Cristo.

Que ela estava preenchida com amor mais abrasador pelo Crucificado, se mostra nitidamente na biografia do Irmão Tomás Celano, onde está escrito: *"Era-lhe familiar o pranto pela paixão do Senhor: ou hauria das sagradas chagas a amargura da mirra, ou sorvia os mais doces gozos. Embriagavam-na veementemente as lágrimas de Cristo sofredor, e a memória reproduzia frequente-mente aquele que o amor lhe gravara fundo no coração. Ensinava as noviças a chorar o Crucificado dando junto o exemplo do que dizia."* (LSC 30)

A *"Oração da veneração das cinco chagas"*, que ela rezava regularmente, está talvez, mas não com certeza, numa tradição. Somente "o Ofício da Paixão do Senhor", que foi desenvolvido por São Francisco, e que ela rezava com grande amor, é-nos transmitido.

116

Muitas vezes, Francisco está apresentado na arte, como ele encontrou o seu lugar nas chagas de Jesus. Meditando as pinturas tradicionais, na página 118 e página 124, também me conduzem naquele lugar.

Francisco experimentou em sua vida muitos sofrimentos interiores e exteriores. Nisso ele não ficou parado consigo mesmo, mas olhou para o seu Senhor Crucificado. Nos seus salmos da paixão, ele uniu os seus próprios sofrimentos com a Paixão de Jesus e realizou, quase, a oração de Jesus ao Pai. Quem reza o Ofício da Paixão (OP), que ele mesmo escreveu, reza, por assim dizer, como o próprio Cristo ("in persona Christi"). Por isso Francisco completou as suas inserções nos salmos, que ele mesmo formulou, muitas vezes com a saudação *"Pai" ou "Pai santíssimo" ou "Pai santo"*. Nesses salmos da Paixão, Jesus expressa aquilo, que o próprio homem quer declarar em relação a Deus. Quer dizer: "Olha, assim é o homem!" e reza olhando para nós para o seu Pai. Assim ele se torna o mediador entre Deus e o homem.

3. Salmo I (das Completas) do Ofício da Paixão e sua interpretação

As Fontes Franciscanas traduzem o texto da seguinte forma (OP das Completas, Salmo I)

"Ó Deus, a vós expus a minha vida; *
colocastes minhas lágrimas na vossa presença.

Todos os meus inimigos tramaram males contra mim, *
e se reuniram em conluio.

E diante de vós armaram males contra mim, *
e ódio em troca de meu amor.

Em vez de me amarem, eles me acusavam, *
eu, porém, orava.

Meu Pai santo, *rei do céu e da terra,*
não vos afasteis de mim, *
porque a tribulação está próxima, e não há quem me socorra.

Retrocedam meus inimigos *
todos os dias em que eu vos invocar,
eis que reconheci que sois o meu Deus.

Meus amigos e companheiros aproximaram-se
e postaram-se diante de mim, *
e os meus vizinhos mantiveram-se a distância.

Afastastes para longe de mim os meus conhecidos, *
eles me consideraram como abominação para eles,
fui aprisionado e eu não tinha saída.

Pai santo, não afasteis o vosso auxílio para longe de mim, *
meu Deus, voltai o olhar em meu auxílio.

Vinde em meu auxílio, *
Senhor Deus de minha salvação.

Glória ao Pai e ao Filho*
e ao Espírito Santo:

Assim como era no princípio, agora e sempre *
e pelos séculos dos séculos. Amém.

Padre Anton Rotzetter OFMcap (O Ofício de Francisco de Assis, Pg. 87-88) tenta traduzir o salmo da seguinte maneira para poder rezar com ele:

"Deus
te conto a minha vida.
Veja:
Minhas lágrimas correm.

Todos meus inimigos
alimentam pensamentos malvados contra mim.
Eles conspiraram contra mim.
Eles respondem com malícia,
o bem, que fiz
e com ódio meu amor.
Eles me atacam
em vez de me amar
mas eu permaneço firme na oração.

Meu Pai santo,
rei do céu e da terra,
não me abandone.
Muito perto de mim estão sofrimento e aflição
e ninguém está perto, para me ajudar.

Eu sei: Tu és meu Deus.
Quando imploro a você
meus inimigos recuam.

Meus amigos e meus próximos
me traíram ou me deixaram só.
Meus próximos
ficaram parados bem longe.
Tu sabes.

Meus conhecidos não querem ter
a minha companhia
e me amaldiçoam.
Estou atraiçoado, estou à mercê dos outros, desistiram de mim
e não se mostra uma saída.

Pai santo,
não retraia tua mão protetora
de mim,
Meu Deus,
olha para mim.

Me ajuda.
Vem ao meu socorro,
Senhor e Deus, minha salvação.

Esse salmo meditativo pressupõe a situação de Jesus no Jardim das Oliveiras (Traição e aprisionamento). O poder do mal se aglomera: Lágrimas, solidão e abandono, depois a prisão. Em tudo isso o Senhor mantém uma confiança inabalável. No versículo 3 revela-se o sentido, que está atrás desse sofrimento: *para vocês*. Originalmente esse salmo deve ser rezado nas completas, como oração da noite, na Quinta-feira Santa.

4. Exercício:

A) Como exercício dessa semana rezamos meditando o Salmo I do Ofício da Paixão *(Tradução Padre Anton Rotzetter OFMcap ou das Fontes Franciscanas)* como "Passo tríplice da contemplação franciscana" (veja pg. 9).

➢ Recolho-me e me percebo inteiramente. Depois me coloco na presença de Jesus e me conscientizo do seu olhar.
Tento sentir por dentro: Como ele olha para mim nessa situação do Jardim das Oliveiras? Olho para ele e participo junto com ELE do relacionamento com o pai.

➢ Leio o salmo em contato interior com Jesus no Jardim das Oliveiras e o deixo falar comigo. Na minha fantasia imagino Jesus sofrendo e lutando e sinto com ELE. Uno-me ele naquilo que tocou a minha vida.

➢ Deixo de querer entender tudo e me entrego a ELE, que me quer abraçar e me deixar participar da sua própria vida. Seja feito! Seja feito!

É possível rezar a semana inteira o mesmo salmo ou pegar outros salmos do Ofício da Paixão para meditar. (veja Fontes Franciscanas)

B) Outro exercício durante a semana poderia ser: que eu, junto aos meus sofrimentos e aos seus sofrimentos, meditando profundamente as pinturas nas páginas 118 e 124.

*Parte da cruz acima do Altar principal da
Basílica São Francisco, Arezzo*

18. A Via-Sacra

Introdução

Nós nos aprofundamos essa semana em mais uma forma de oração franciscana: a meditação da via-sacra.
No início desse tema eu me pergunto: Conheço as quatorze estações da via-sacra? Existe uma estação da via-sacra, que é "favorável" no meu caminho de purificação e que promete salvação?

1.Sobre a história da Via-Sacra

A Via-sacra tem a sua origem na história do sofrimento de Jesus, como ela está escrita nos Evangelhos. No império romano foram condenados somente escravos e pessoas, que não possuíam a cidadania romana, para a morte na cruz; nisso o próprio condenado tinha que carregar sua cruz para o lugar da execução. Por isso está escrito no Evangelho de João: *"Então eles pegaram Jesus, que saiu carregando a cruz, rumo ao chamado 'Lugar da Caveira'"* ... (Jo 19,17). O caminho, que Jesus andou, pode ser rastreado e mais ou menos localizado em Jerusalém. Assim é compreensível, que cristãos queriam e querem seguir esse caminho. Segundo uma antiga tradição, sua Mãe Maria e os cristãos de Jerusalém seguiram, já logo depois da Ressureição de Jesus, as estações de sua paixão, em comemoração do seu Senhor.

No início do século IV foram erguidos nesses lugares monumentos e capelas, que foram visitados pelos peregrinos.
No século XII na veneração da Via-Sacra aconteceu um novo aprofundamento através dos Cavaleiros da Cruz e através de

Francisco de Assis (1182-1226). Francisco compôs, com a ajuda de salmos, uma Via-Sacra literária, seu Ofício da Paixão. Com esses salmos ele meditava diariamente a paixão de Jesus. Da mesma forma é atestado de Santa Clara e Assis (1193-1253) e de suas Irmãs uma grande veneração do sofrimento Christi nos seus escritos.

Os Franciscanos acompanhavam, a partir do século XIV, os peregrinos do mundo inteiro no determinado caminho da paixão de Jesus, começando no tribunal, passando pela Via Dolorosa até o lugar da execução no Gólgota.

No Ocidente a Via-sacra foi reproduzido a partir do século XV, primeiro ao ar livre (Montes de Calvário), depois mais e mais também nas Igrejas. Essa prática foi influenciada através da Mística da Paixão medieval, no sul da Alemanha, por exemplo, através da Beata Gute Beth de Reute (1386-1420).

O maior promotor da Via-sacra foi o Franciscano Leonhard de Porto Maurizio (1676-1751). Nas suas múltiplas Missões Populares, ergueu 576 Vias-sacras. Ele conseguiu, que 1731 o Papa Clemente XII determinou, que a Via-sacra deve ter 14 estações. Até lá esse número não foi ainda definido.

Era costume durante os últimos dois séculos, que em cada paróquia, ao menos durante o tempo da quaresma, rezava-se a Via-sacra, em conventos franciscanos, muitas vezes, em cada dia útil do ano.

2. A Via-sacra na vida de São Francisco

Como São Paulo fala, em cada cristão deve crescer realmente a convicção na fé que liberta: *"Vivo na fé no Filho de Deus, que me amou e se entregou por mim".* Na meditação da Paixão e Ressurreição de Cristo, aquele que acredita se reconhece como aquele, que está crucificado com Cristo e ressuscitado com ele: "E já não sou eu que vivo; é Cristo que vive em mim". (Gal 2,20).

Francisco de Assis entende sua vida como seguimento de Jesus pobre e humilde, *"... porque também Cristo sofreu por vocês, deixando-lhes um exemplo para que vocês sigam os passos dele".* (1 Pd 2.21).

Ele viveu a adaptação a Jesus tão radicalmente que até seu corpo ganhou a forma igual ao seu Senhor, através das chagas. Francisco recebeu o dom da graça, de poder sofrer junto com seu Senhor nessa comunhão de amor. Nas suas orações e meditações, como se mostra claramente nos salmos da Paixão, estão no centro alguma vez o traído, depois o prisioneiro e o zombado, o torturado e condenado, o abandonado e na cruz elevado, o moribundo e o ressuscitado – e sua confiança absoluta no Pai.

Na Legenda dos Três Companheiros relata, como, uma vez, Francisco caminhava solitário perto da igreja de Santa Maria da Porciúncula, chorando em alta voz. Interrogado porque chorava, ele falou: *"Choro a paixão de meu Senhor, pelo qual eu não deveria envergonhar-me de ir chorando em alta voz por todo o mundo".* (LTC 14).

Francisco convida todas as pessoas ardorosamente de amar, como Cristo amou – até o amor aos inimigos: *"Tiram do caminho o vosso Eu obstinado, e carregam a sua santa Cruz e observam até o fim o seu santíssimo mandamento"* concretas da vida com sofrimento e repugnâncias, com pecado e culpa. Eles são o lugar, onde acontece a transformação em Jesus Cristo, do homem velho ao novo.

3. A Via-sacra para nós hoje:

É necessário, de dar hoje mais atenção e amor à meditação da Via-sacra e sua concretização no dia-dia da vida.

Aquele que reza a Via-sacra e interioriza as imagens e acontecimentos, reconhece nisso o sentido da sua própria vida, do seu próprio sofrimento e da sua própria morte – e do seu próximo e do mundo.

Ele sabe, que tudo e todos estão em boas mãos em Cristo vivo e presente, amados até o extremo e que a esperança vai prevalecer. Assim o mistério da Páscoa é para nós presença e caminho ao Pai.

Para nós hoje é de novo atual, o que foi dito quase um milênio atrás: *"Mas para que no homem a brasa do fogo do amor não resfrie, por causa da meditação permanente da injustiça sofrida, ele deve permanentemente olhar, com os olhos do seu coração, a paciência silenciosa do seu amado Senhor e Salvador".* (Aelred von Rievaulx) mesmo olhando o jornal, com as suas frequentes notícias horríveis, a meditação da Via-Sacra pode curar e ter um efeito reconciliador para nós e o mundo.

4. Exercício

Eu medito diariamente uma ou várias estações da Via-sacra.
Eu começo com a oração preparativa:

"Pai, teu Filho encarnado,
mais belo que os filhos dos homens,
para minha salvação
se tornou o mais humilde dos homens,
desprezado, despedaçado
e no corpo inteiro muitíssimo flagelado,

até mesmo morto no sofrimento da cruz.
ELE, meu Pai, eu quero olhar,
ELE eu quero contemplar,
ELE eu desejo imitar,
Porque ELE é o caminho a ti".
(2In e 3, formulado segundo Padre Helmut Schlegel)

> ➢ Sinto-me interior e exteriormente e me recolho. Percebo a cruz e o crucificado. Acolho o seu olhar e deixo-me olhar.

> ➢ Escolho uma estação da Via-sacra, se possível uma, que eu tenha acesso. Medito a estação com a ajuda do texto que eu tenho diante de mim. E "pinto" com meu olho interior e toda a minha imaginação a situação, com todas as emoções.

> ➢ Deixo todos os pensamentos e ponderações e entro em comunhão com Jesus Cristo, que pode me atrair à sua vida. Entrego-me a ELE.

19. "Ponha a mente no espelho da eternidade"

Introdução

Na Terceira Carta a Santa Inês de Praga (= 3In) encontra-se o ensinamento central da oração de Santa Clara. Nós devemos essa instrução de oração a um pedido da Santa de Praga. Ela dirige-se a Santa Clara, porque experimenta uma escuridão pessoal e uma tribulação na oração. Essa transmite à amiga a sua própria experiência de oração.

1. Texto: 3In12-14.15b-17

Coloque os teus pensamentos
no espelho
da eternidade.

Coloque a tua alma
no esplendor
da glória de Deus.

Coloque o teu coração
diante da imagem
da substância de Deus.

Deixe-se na oração
transformar e modelar
na imagem da sua divindade.
Você vai experimentar,
o que sentem seus amigos.

Você vai saborear

a doçura escondida
que Deus reservou
desde o início
para os que o amam.

Com entrega total,
o oferece o seu amor,
aquele, que, para te amar,
se entregou inteiramente,
aquele, cuja beleza
sol e lua admiram,
aquele, cujos dádivas,
na sua preciosidade e grandeza
são sem fim.

Falo
do Filho do Altíssimo,
que céu e terra
não podem conter,
e que apesar disso
se deixa formar e carregar
no seio duma mãe humana.
(Tradução numa linguagem moderna por P. Helmut Schlegel,
OFM)

2. Explicações para a interpretação

Clara mostra nessa carta um caminho de contemplação, que é
útil e válido até hoje. Contemplação cristã acontece dentre de
dois movimentos fundamentais:

a) Colocar-se inteiramente na presença de Deus:

> Em primeiro lugar os pensamentos, as palavras e os conceitos. No "espelho da eternidade" os conteúdos dos pensamentos se relativizam. Eles recebem o peso, que realmente cabem a eles. Ao mesmo tempo eles se tornam transparentes em relação a camadas mais profundas do ser.

> Depois os movimentos da alma, esses são nossas emoções, nosso temperamento, o nosso cunho psíquico inteiro. Iluminado pela glória de Deus, eles vão ser purificados e curados. No encontro com Deus, todas as nossas forças mentais e psíquicas podem ser integradas na nossa capacidade de amar.

> Finalmente se trata do encontro imediato, íntimo com o ser de Deus. Se Deus pode tocar e habitar o nosso "centro do coração", então nos tornamos vivos a partir desse ponto mais íntimo (= alma, veja 7ª semana), porque vamos ser "alimentados" com vida divina. Isso leva a um degustar da presença de Deus na entrega a ELE.

b) Um segundo movimento fundamental da contemplação é o diálogo com Cristo:

Doar e pegar acontecem fluentemente, a pessoa se deixa presentear e se doa. Quem reza deixa- se olhar por Cristo e o olha. O relacionamento com Cristo acontece não tanto no nível de palavras, mas como um olhar: A vida de Jesus torna-se uma imagem, que transforma. Ele deixa nossa existência toda se transformar num colo materno, que o acolhe e o deixa se tornar homem.

3.O termo do "espelho" na Clara

Na 4ª carta a Inês de Praga (= 4In) Clara retoma as suas explicações do "espelho" na 3ª carta com as palavras:
"...pois é o esplendor da glória eterna, o brilho da luz perpétua e o espelho sem mancha (Sb 7,26). Olhe dentro desse espelho todos os dias, ó rainha, esposa de Jesus Cristo, e espelhe nele, sem cessar, o seu rosto, para enfeitar-se toda, interior e exteriormente, vestida e cing da de variedade, ..." (4In 14-16).

O espelho sem mancha é o próprio Jesus Cristo. Olhando a imagem de Cristo, do "homem novo", acontece, que eu mesmo me percebo e reconheço melhor. Quem sou e mesmo, quando me olho a partir de Cristo? Somente a capacidade dum autoconhecimento verdadeiro, possibilita um desenvolvimento duma autorrealização, para se sentir mais e mais um ser integrado.

No olhar precisamos constância. Não olhar de vez em quando, também não quando precisamos ou quando me "convêm", mas constantemente, todos os dias. Precisa ser um exercício consequente, porque dentro de nós começam mecanismos de defesa, que nos querem proteger do encontro, do autoconhecimento nítido. A continuidade do olhar leva ao reconhecimento da glória do esposo.

A contemplação do espelho aponta a um encontro e uma revisão própria do entendimento de quem sou eu ou quem posso ser diante DELE. Trata-se dum desenvolvimento integral do homem na contemplação. O homem inteiro deve ser "bonito", interior e exteriormente. Clara fala como mulher, quando ela indica o enfeite. É uma imagem para a nova beleza, que um homem pode alcançar no encontro íntimo e em contato com Deus, que leva a um desenvolvimento pessoal integral. João da Cruz expressa essa experiência da seguinte forma:

"Não me despreza,
porque mesmo que tu
encontraste cores escuras dentro de mim,
tu podes também agora me olhar,
porque desde que tu me olhaste,
tu deixaste encanto e beleza
dentro de mim."

4. Exercício

> Ícones são para as Igrejas do Oriente um espelho de Deus. Através da face de Jesus estou olhando o Deus Trino e eu mesmo olho através do semblante de Jesus o mistério do Deus Trino.

> Contemple a imagem do ícone da Cruz de São Damião, cuja proximidade viveu Santa Clara, ou também somente o detalhe da face do Crucificado de São Damião.

> Ou pegue outra imagem de Cristo (eventualmente a tua imagem predileta de Cristo), e a contemple diariamente com o "Passo tríplice da contemplação franciscana" (veja Pg. 8).

Cruz de São Damião, Sec. XI/XII, Parte
Basílica de Santa Clara em Assis

20. "Vede, a humildade de Deus no pão"

Introdução

Nessa semana nós nos aprofundamos no mistério profundo da Eucaristia. Francisco nos convida de olhar no Espírito Santo: *"Vede, a humildade de Deus!"* (na Eucaristia).

Ficamos quietos com Francisco e permanecemos numa postura corporal adequada. E "olhamos", junto com São Francisco, com nossos sentidos espirituais, esse mistério desmedido da encarnação permanente de Deus no meio de nós.

1. Eucaristia como acontecimento de transformação, no qual estamos incluídos

Mais do que sobre tudo Francisco escreve sobre a Eucaristia. Nela o amor de Deus se torna concreta duma maneira carnal e corporal. Sim, Francisco se experimenta como alguém, que está apaixonado pelo amor de Deus. Deus desce nos abismos do homem, para tocá-lo corporalmente lá. E ELE o carrega com corpo e alma, com todo o seu ser, para cima na glória do Pai. Assim para São Francisco a Eucaristia não é um acontecimento externo, onde ele assiste, o que acontece, ou onde ele colabora de alguma forma. Mas na Santa Missa ele está incluído no mistério da Trindade. Deus transforma os dons do pão e do vinho, para transformar o homem. Eucaristia é o lugar da transformação e salvação. Algumas frases da "Carta enviada a toda a Ordem" devem nos ajudar, de aprofundar o ponto de vista de Francisco.

2. Da Carta enviada a toda a Ordem (Ord)

➢ *"Assim, suplico a todos vós, irmãos, beijando-vos os pés e com a caridade com que posso, que manifesteis toda a reverência e toda a honra que puderdes ao santíssimo corpo e sangue de Nosso Senhor Jesus Cristo, no qual foram pacificadas e reconciliadas com Deus onipotente todas as coisas que há nos céus e na terra." (Ord 12-13).*

➢ *"Grande miséria e fraqueza digna de comiseração, quando o tendes assim presente e vos preocupais com qualquer outra coisa em todo o mundo." (Ord 25).*

➢ *"Pasme o homem todo, estremeça o mundo inteiro, e exulte o céu, quando sobre o altar, nas mãos do sacerdote, está o Cristo, o Filho de Deus vivo! Ó admirável grandeza e estupenda dignidade!" (Ord 26-27).*

➢ *"Ó sublime humildade! Ó humilde sublimidade: o Senhor do universo, Deus e Filho de Deus, tanto se humilha a ponto de esconder-se, pela nossa salvação, sob a módica forma de pão!" (Ord 27).*

➢ "Vede, irmãos, a humildade de Deus e derramai diante dele os vossos corações; humilhai-vos também vós, para serdes exaltados por ele." (Ord 28).

➢ *"Portanto, nada de vós retenhais para vós, a fim de que totalmente vos receba aquele que total-mente se vos oferece." (Ord 29).*

3. Para o entendimento do texto

Francisco quer dar ao Senhor a maior veneração e honra. Veneração significa, perceber a realidade corporal de Deus na pequenez do pão e do vinho, e respeitar e honrar a presença de Deus.

Deus está inteiramente presente. Como posso pensar em outra coisa, se o próprio Deus se desperdiça totalmente para mim? Ele me olha e se oferece a mim. Como não devo olhar e me doar para ELE?

É inconcebível, que o Deus infinito, onipotente se renuncia e se abaixa tanto, que eu me torno mais forte que ELE. Em Jesus Cristo Deus se entrega totalmente a mim, ele se coloca em minhas mãos. Isso experimento realmente em carne e osso na Eucaristia, na entrega da comunhão: O Onipotente está sem defesa na minha mão. Ele se entrega a mim, ao meu agir, a minha ação. Ele se deixa mesmo quebrar de mim.

O Onipotente me pede um lugar no meu pequeno coração. Ele pede um abrigo e habitação dentro de mim. Posso expressar meu júbilo em palavras?

Deus se doa a mim no pão, para receber, se tornado pequeno – e assim não sendo ameaçador para mim – acesso ao meu coração. Como pão e vinho, através da ação do Espírito Santo, são transformados em corpo e sangue de Cristo, assim deve a minha vida se tornar vida de Jesus.

A maioria das pessoas têm hoje grande dificuldade com a palavra e o ideal da humildade.

Na vida pública a palavra humildade é praticamente não mais usada. Quem já quer ser humilde? Mas Deus se tornou humilde, assim nos fala Francisco, sim, ELE é a própria humildade. Humildade encarnada na Eucaristia. Assim humildade não é um ideal ético, mas seguimento de Jesus. Nós podemos nos deixar cair na humildade DELE. Na Eucaristia essa humildade de Deus pode ser contemplada, e ela pode agir duma maneira transforma-dora em nós.

Porque Deus se entregou totalmente a mim, me torna aos poucos capaz, passo por passo, de me doar a Deus. Não preciso mais desesperadamente me agarrar a mim mesmo e ao que é meu, mas consigo me entregar a Deus e ser pobre, porque Deus se fez pobre para mim.
Rezando, em união com Deus, assim eu me transformo. Duma maneira absolutamente semelhante reza o suíço, o Santo Irmão Klaus: *"Tomo-me de mim e me faça inteira-mente a sua propriedade."*

4. Exercício

Nessa semana tento, de participar, se possível muitas vezes e preparado, da celebração da Eucaristia. Me preparo com atenção amorosa para a celebração, enquanto interiorizo o hino eucarístico de São Francisco da Carta a toda a Ordem.

> ➤ Rezo para o Espírito Santo, que ele me prepare. Depois me dedico ao hino eucarístico e rezo o texto inteiro; depois me deixo conduzir ruminando.

> ➤ Eu "olho" a partir da humildade dele a mim mesmo e minha vida atual, como amo, como sofro e o que espero. Desejo e peço Jesus Cristo de habitar lá dentro, com a sua humildade e pobreza da Eucaristia.

➢ Me entrego com todas as experiências e imagens, também decepções até agora . e deixo acontecer dentro de mim que a SUA pobreza e humildade agem, assim como ELE quer.

21." Seja bem-vinda, irmã morte!"

Introdução

No final dessa escola de oração se recomenda finalmente, de olhar para o fim da vida de São Francisco e Santa Clara: à sua morte. Estamos convidados, de se conscientizar também da nossa própria morte, que pertence absolutamente à nossa vida, e de se preparar, por conseguinte, para isso.

1.Francisco e sua morte

Francisco sabia, que a sua vida terrena estava terminando. Especialmente doenças, estigmatização e conflitos dentro da ordem o acompanharam dolorosa-mente nessa última etapa.
Ele meditava muitas vezes o seu fim; mesmo diariamente o "Dia da morte" (CA 99,9-10). Quando esse dia se aproximava, ele se deixou carregar na capela de Porciúncula. Ali, onde a ordem começou, ele queria terminar a sua pobre vida.

Ele queria morrer pobre, deitado no chão, espalhado com cinza, no meio dos irmãos. E ele se deixou ler a paixão do Senhor do Evangelho de São João. Ao seu pedido os irmãos cantavam para ele a estrofe da "Irmã Morte" do Cântico do Sol, que o próprio Santo tinha composto cerca de dois anos atrás. Assim Francisco convidou a morte para o louvor de Deus: "Bem-vinda seja a minha irmã morte!" (CA 100,10; 2Cel 217,8).

Cântico do Irmão Sol (Cnt)

O Cântico do Sol Francisco compus no inverno 1224/25, quando ele estava deitado doente numa cabana no jardim de São Damião. Na sua tristeza o Senhor o consola com a promessa: *"... porque tua enfermidade é a garantia de meu reino, e pelo mérito da paciência espera seguro e certo a herança do mesmo reino."* (2 Cel 213,6). O canto é então a resposta jubilosa dessa experiência de Deus na noite escura.

Essa oração não é somente um hino da boa criação de Deus, mas nos desafia também, no nosso comporta-mento a respeito do mundo e na aceitação da enfermi-dade e da morte.

"1. Altíssimo, onipotente, bom Senhor,
teus são o louvor, a glória e a honra
e toda bênção.
Somente a ti, ó Altíssimo, eles convêm,
e homem algum é digno de mencionar-te.

2. Louvado sejas, meu Senhor,
com todas as tuas criaturas,
especialmente o senhor irmão sol,
o qual é dia, e por ele nos iluminas.
E ele é belo e radiante com grande esplendor,
de ti, Altíssimo, traz o significado.

3. Louvado sejas, meu Senhor,
Pela irmã lua e pelas estrelas,
no céu as formaste
claras e preciosas e belas.

4. Louvado sejas, meu Senhor,
pelo irmão vento e pelo ar e pelas nuvens
e pelo sereno e por todo tempo,

pelo qual às tuas criaturas dás sustento.

5. Louvado sejas, meu Senhor,
pela irmã água,
que é muito útil e humilde e preciosa e casta.

6. Louvado sejas, meu Senhor,
pelo irmão fogo,
pelo qual iluminas a noite,
e ele é belo e agradável e robusto e forte.

7. Louvado sejas, meu Senhor,
pela irmã nossa, a mãe terra,
que nos sustenta e governa
e produz diversos frutos
com coloridas flores e ervas.

8. Louvado sejas, meu Senhor,
por aqueles que perdoam pelo teu amor,
e suportam enfermidade e tribulação.
Bem-aventurados aqueles que as suportarem em paz
porque por ti, Altíssimo, serão coroados.

9. Louvado sejas, meu Senhor,
pela irmã nossa, a morte corporal,
da qual nenhum homem vivente pode escapar.
Ai daqueles que morrerem em pecado mortal:
bem-aventurados os que ela encontrar na tua santíssima
vontade,
porque a morte segunda não lhes fará mal.

10. Louvai e bendizei ao meu Senhor
E rendei-lhe graças e servi-o com grande humildade. "

2. Clara e a sua morte

As últimas horas de Clara chegaram – ela sabia disso. Contemporâneos nos transmitem, como Clara falou com a sua alma: *"Vá segura, que você tem uma boa escolta para o caminho. Vá, diz, porque aquele que a criou também a santificou; e, guardando-a sempre como uma mãe guarda o filho, amou-a com terno amor."* (LSC 46,1-4).

Clara vai conscientemente, corajosa e decidida a sua última etapa na confiança em Deus – assim, como ele colocou a sua esperança nele na sua vida inteira. Assim ela o experimentou como aquele, que dá agora para sua alma segurança e uma boa companhia. Na sua vida, na maior pobreza, ela se entregou uma vida inteira, e assim diariamente, à riqueza de Deus. Ele não a decepcionou; ele a santificou e sempre protegeu, como uma mãe a sua criança, e a amou com terno amor.

E um último grande louvor está nos seus lábios: *"E bendito sejais Vós, Senhor, que me criastes!"* (LSC 46,5). Parece que Clara se arrependeu de nada: pobreza, doença, vida fraterna em clausura rígida – tudo está guardado no olhar em Deus. Aquele que a criou e agora a acompanha até a vida eterna.

3. Eu e a minha morte

Se nos olhamos a morte dos dois santos – Francisco e Clara – chamam a atenção algumas semelhanças: Morte na presença de irmãs/irmãos; a leitura da paixão de Cristo; oração e louvor; poder perceber e falar sobre o fato, que a morte agora chegou como trânsito para a vida eterna ... Apesar dessas semelhanças, os dois santos celebram também a sua morte duma forma muito pessoal.

Também eu vou morrer; mesmo quando não cultivo o pensamento nisso. Nenhum homem pode escapar vivo da morte corporal. Muitas vezes medo e fuga nos deixam desviar dessa realidade.

Desde a Idade Média se fala da "Ars moriendi" – da arte de morrer. Parece que pode um pouco aprender essa "arte". A espiritualidade cristã dá várias recomendações.

> A oração para uma morte abençoada; assim que na morte posso ser contado entre aqueles bem-aventurados, que ele encontra na santíssima vontade de Deus.

> O sono diário pode servir conscientemente como "pequena escola para a morte": A gente se deita para dormir; vou acordar de novo? Tudo, que pode ainda surgir dentro de nós, que ainda está me atrapalhando e não está salvo dentro de mim, podem assim entregar ao amor salvador de Deus.

> Nesse sentido fazer também a oração no fim da tarde e da noite, pode ser muito fecundo.

4. Exercício

A)
> Meditar sempre de novo o Cântico do Sol; especialmente a estrofe 9 da "Irmã morte". Para Francisco não basta mais o próprio louvor; ele convida toda a criação de louvar Deus.
> Francisco está reconciliado com tudo – tudo para ele se tornou irmão e irmã.

O que me impede, de estar numa atitude perma-nente interiormente, na qual posso louvar Deus?

- o Se precisava morrer amanhã: Onde desejaria antes ainda ter promovida a paz e a reconciliação?

- o Que canto quero cantar para Deus quando morrer?

"Cântico do Sol" de Uli Viereck

➢ Medito a imagem "Irmã morte" de Piero Casentini. Talvez o artista se refere ao último versículo dessa estrofe: *"Bem-aventurados os que ela (a morte corporal) encontrar na tua santíssima vontade, porque a morte segunda não lhes fará mal."* (Cnt 9)

Assim, como Cristo assumiu essa primeira morte, o discípulo de Jesus pode aceitar seguramente a morte corporal na esperança, que ele recebeu através da ressurreição de Cristo a vida eterna.

Para Francisco a morte é nada mais, que a passagem à plena comunhão com o seu amado Senhor.

Através da morte de Cristo, para nós a morte se tornou do inimigo ao irmão e/ou à irmã.

o Com esses pensamentos na mente me deixo tocar pela imagem e me coloco no lugar de Francisco.

o Me conscientizo novamente, que existe a realidade da *"... morte corporal, da qual nenhum homem vivente pode escapar; bem-aventurados os que ela encontrar na tua santíssima vontade, porque a morte segunda não lhes fará mal."*

B)

Olho a morte de Santa Clara. Já muito tempo ela está desprendida de querer propriedade e prestígio; durante anos ela treinava isso na vida quotidiana. Clara está profundamente reconciliada com a sua vida, ela louva a Deus por isso sem restrição.

➢ O que me impede de ir ao encontro de Deus?

> Onde existem ainda nós na minha vida, pelos quais não consigo ainda louvar a Deus. E quais são os nós, que não consegui ainda relacionar com Deus?

> Admito, que ele me santifica também?

> Confio nele tanto, que posso pedir que ele me acompanha no meu último caminho e tenho certeza que ele vai fazer isso?

C)

Vou tentar, de não mais desviar do pensamento da minha própria morte. Vou aproveitar as muitas oportunidades no dia-dia, para ensaiar um pouco a minha morte.

> Como quero morrer? Estou num estado, no qual quero uma vez morrer? O que quero ainda mudar?

> Tento de formular livremente uma oração, para oferecer a Deus uma morte abençoada. (Isso posso eventualmente escrever e rezar regularmente sempre de novo.)

> Quando à noite me deito na cama, me entrego conscientemente a Deus, com todas as angústias, com tudo que está ainda para resolver, mas também com tudo que já está salvo.

> E depois têm as inumeráveis possibilidades das "pequenas mortes" todos os dias:

  o Renunciar uma palavra ruim, também quando acredito, que isso vai me "sufocar".

- o Aceitar preterições, injúrias e injustiças etc ... Pode me custar a minha boa fama e meu direito.

- o Reconhecer e aceitar doenças e dores como mensageiros da transitoriedade (o que não exclui ajuda médica.)

- o Me simplesmente esforçar, de estar na vontade de Deus, assim que a porte corporal me encontra lá dentro.
  Então também para mim vai sair facilmente da minha boca: *"Seja bem-vinda, minha irmã morte!"*

D)

Rezo e medito uma das seguintes orações da noite ou orações para uma boa morte.

Orações da noite:

Acolhe-nos, oh bom Senhor e Deus,
nessa noite na tua proteção;
Em ti deixa-nos estar em segurança:
Na tua paz nós repousamos bem.

Enquanto os membros cansados descansam,
deixe o nosso coração dirigir-se para você.
Somos o teu povo, que em ti confia:
Nos protege com tua mão forte.

Seja dedicado o descanso dessa noite,
A ti Deus Pai, Filho e Espírito.
E quando um dia nos rodeia a noite da morte,
Nos conduza à luz da glória. Amém.
(Hino do Ofício das Completas / Oração da noite)

No meio da vida somos
envolvidos da morte.
A quem podemos recorrer,
para alcançar misericórdia?
Somente a ti, Senhor.
Nos arrependemos, por causa da nossa maldade,
que enfureceu a ti, Senhor.
Santo Senhor Deus, Deus santo e forte,
Tu, Salvador santo e misericordioso,
Tu, Deus eterno,
Não nos deixe afundar
na aflição da morte amargo. Kyrie-eleison.
(Hino do Ofício das Completas)

Já envolve a terra para a noite
as pregas do manto escuro.
O sono, da morte a imagem suave,
nos leva ao túmulo do dormitar.
Quando estamos encobertos da noite escura,
estamos perseguidos do sonho e do desvario,
nos ameaçam dúvida e medo,
exposto ao poder do mal.

Cristo, Tu nossa vida, verdade, luz,
guarda atento, seja perto de nós,
que a fé vigia luminosamente dentro de nós,
também no tempo escuro do sono
Ao Filho e ao Pai nós pedimos
e também o Espírito, que une os dois:
Poder trino, que tudo guia,
nos proteja nessa noite. Amém.
(Hino do Ofício das Completas)

Orações para uma boa morte:

Se uma vez devo me separar desta vida,
então não se separe de mim.
Quando devo sofrer a morte,
então intercede por mim.

Quando meu coração
está mergulhado no temor,
então arranca-me das minhas angústias
em virtude da tua agonia e do teu tormento.
Aparece como meu escudo,
como conforto na minha agonia
e me deixa ver a tua imagem
na tua aflição na cruz.
Aí quero olhar para Ti,
aí quero com muita fé,
Ti abraçar fortemente ao meu coração.
Quem morre assim, morre tranquilamente.
(Paul Gerhardt)

Oh meu Senhor e Salvador,
me fortalece na hora da minha morte
Através das armas fortes dos teus sacramentos
e através do perfume refrescante das tuas consolações.
Concede, que as palavras da absolvição
sejam ditas sobre mim,
o santo óleo me marca e sela
e teu próprio santíssimo corpo seja meu alimento
e teu sangue minha bebida!
A tua Mãe Maria vem ao meu auxílio,
meu anjo fale palavras de paz,
e meus santos padroeiros devem sorrir para mim,
que alcanço com eles e através deles
a graça da perseverança
e morra, como desejava viver,
na tua fé,
na tua igreja,
no teu serviço
e no teu amor. Amém.
(Beato Cardeal John Henry Newman)

BoD 2022 – Books on Demand, Norderstedt
ISBN 978-3-7543-0715-1
140 Seiten
Kosten: 8,99 €

EOS-Verlag Sankt Otilien 2018
ISBN 978-3-8306-7909-7
160 Seiten
Preis: 19,95 €